Werner Scheyer

# Trockentauchen
# Eistauchen
# Bergseetauchen
# Suchen und Bergen

## Tauchsportbrevets und Spezialkurse
## Band 2



Delius Klasing
EDITION NAGLSCHMID

Alle in diesem Buch enthaltenen Angaben, Daten, Ergebnisse usw. wurden vom Autor nach bestem Wissen erstellt und von ihm und vom Verlag mit größtmöglicher Sorgfalt überprüft. Gleichwohl sind inhaltliche Fehler nicht vollständig auszuschließen. Daher erfolgen die gemachten Angaben usw. ohne jegliche Verpflichtung oder Garantie des Verlages und des Autors. Sie alle übernehmen deshalb keinerlei Verantwortung und Haftung für etwaige inhaltliche Unrichtigkeiten.

Geschützte Warennamen und Warenzeichen werden nicht besonders gekennzeichnet. Aus dem Fehlen solcher Hinweise kann also nicht geschlossen werden, dass es sich um einen freien Warennamen oder ein freies Warenzeichen handelt.

Die Deutsche Bibliothek – CIP-Einheitsaufnahme
**Scheyer, Werner:**
Trockentauchen - Eistauchen - Bergseetauchen - Suchen und Bergen /
Werner Scheyer. - Bielefeld : Delius Klasing; Stuttgart : Ed. Naglschmid, 2002
(Tauchsportbrevets und Spezialkurse ; Band 2)
ISBN 3-89594-084-4

ISBN 3-89594-084-4

Herausgeber: Dr. Friedrich Naglschmid
Fotos: *Gerhard Braun* S. 83, 85, 86, 90, *Herbert Frei* S. 89u.r., 91u.l., *Dr. Friedrich Naglschmid* S. 10u., 79o.l., m.l.,89o.l., 91m.r., 95, 96o.l., u.l., u.r., 97o.r., 105, 106, 107, 109, *Matthias Naglschmid* S. 88, 101, *Wolfgang Pölzer* S. 62u.74u.,75, *Werner Scheyer* S.10u.l., 62o., 79o.r., m.r., u.r., 89o.r, u.l., 91o., m.l., 97o.l., 108, Gabi Tode S.74o., *Werkfotos Camaro* S.10o.,16f, 20f, 24f, 46, *Werkfoto Marlin* S.104. Grafik: *Archiv MTi-Press* S.48, 50, 106, *Matthias Naglschmid* S.87, *Stephanie Naglschmid* S.41,77, 99,100, *Werner Scheyer* S.28, 52f, 55, 58, 60f, 66f, 71, 98, 99,102, 103, 104, 107, 110, *Springer Verlag* S.82o., *VDST* 81u.

Umschlaggestaltung: Buchholz/Hinsch/Hensinger, Hamburg
Gesamtherstellung: Koeblin-Fortuna-Druck GmbH & Co. KG, Baden-Baden
Printed in Germany 2002



Vertrieb: Delius Klasing Verlag, Siekerwall 21, D-33602 Bielefeld
Tel.: 05 21/5 59-0; Fax: 05 21/5 59-1 15
E-Mail: info@delius-klasing.de
www.delius-klasing.de

# Inhalt

# Vorwort

Tauchen, ein herrlicher Sport, Tausende von begeisterten Menschen kommen jedes Jahr dazu, um die Welt unter Wasser zu erleben.
Häufig wird aber in unserer schnelllebigen Zeit die Begeisterung von anderen Highlights abgelöst. Es bleibt bei einer Grundausbildung im Tauchen, die oft unter dem Konkurrenzdruck zwischen den Verbänden und den Tauchbasen eng begrenzt ist. Viele TaucherInnen glauben dann, dass sie so weit ausgebildet sind, weltweit in Begleitung eines Erfahrenen unter allen Gegebenheiten tauchen zu können. So kann der Tauchsport gefährlich werden. Ziel sollte es daher sein, die Ausbildung so zu vervollständigen, dass man wirklich selbstständig in Begleitung eines ebenso ausgebildeten Tauchpartners seine Tauchgänge selbst planen und sicher durchführen kann.
Dazu dienen Sonderbrevets und Spezialkurse, die bei vielen Verbänden auch Voraussetzung für die Weiterbildung zu einer höheren Stufe sind.
Die in sich abgeschlossenen Themen, die in der Tauchpraxis aber ineinander greifen, sollen das Interesse und auch die Begeisterung wieder wecken, eine Voraussetzung dafür, dass das Wissen auch gespeichert wird.
Sinn der Sonderbrevets ist auch das spielerische Lernen, frei vom Prüfungsdruck. Die verschiedenen Aufgaben werden partnerschaftlich so lange geübt, bis alle TeilnehmerInnen sie beherrschen.
Der in der Praxis oft anzutreffende Prüfungsfanatismus einiger TauchlehrerInnen steht im Widerspruch zu dieser Idee. Es sind zwar oft Fragebogen im Anhang der Seminarunterlagen, deren Lösung sollte aber nur in der Gruppe diskutiert werden.
Sie dienen dazu, die Eindrücke der Praxis mit dem theoretisch Erlernten zu vergleichen und so besser behalten zu können. Richtig vermittelt können es auch Erfolgserlebnisse werden.
Diese Sonderbrevets sollen also Anregungen geben und helfen, Fehler zu vermeiden, sie ersetzen nicht regelmäßiges Üben und das Training, um Kondition zu erlangen. Erfahrene TaucherInnen sind nicht die, die alle Seminare absolviert haben, sondern die, die immer wieder üben und auch die meisten Fehler schon einmal gemacht und korrigiert haben.

*Werner Scheyer*
*Stuttgart, im Sommer 2002*

# Einleitung

Der Inhalt dieses Buches umfasst die Sonderbrevets Trockentauchen, Bergseetauchen und Suchen und Bergen. Das ebenfalls in diesem Buch behandelte **Eistauchen** wird von vielen Verbänden wegen ökologischer Bedenken nicht als Sonderbrevet anerkannt. Da diese Art des Tauchens aber dennoch praktiziert wird, erschien es uns wichtig, über Sicherheit und Umweltaspekte in diesem Bereich zu informieren.

**Trockentauchen** ist in der kalten Jahreszeit und in kalten Gewässern eine sehr angenehme Angelegenheit, ein Beitrag zur Tauchsicherheit und ein wichtiger Schutz unserer Gesundheit. Dies betrifft vor allem die Taucher, die häufiger im kalten Wasser tauchen oder tauchen müssen. Selbst TauchlehrerInnen, die täglich während der „kalten Jahreszeiten" beispielsweise im Roten Meer tauchen, bedienen sich eines Trockentauchanzuges. Das demotivierende und gesundheitsschädliche „nasse" Frieren unter Wasser und das Umziehen auf dem Schiff bei Wind mit einem Nasstauchanzug ist früher oder später der Grund zum Umsteigen auf den „Trockenen".

Beim **Bergseetauchen** gewinnen die sich mit zunehmendem Abweichen von der Ausgangsnorm Meereshöhe ergebenden Änderungen der Druck-, Temperatur- und atmosphärischen Bedingungen enorm an Bedeutung. Ebenso wichtig sind beim Bergseetauchen die besonderen ökologischen Faktoren, die nicht außer Acht gelassen werden dürfen.

An Land etwas zu **Suchen** und zu **Bergen** hat schon seine Tücken. Noch schwerer ist es unter Wasser. Ein begrenztes Gesichtsfeld oder gar keine Sicht zwingen uns Fähigkeiten einzusetzen, die wir sonst meist wenig trainieren. Oft können die gesuchten Gegenstände dann nur ertastet werden. Tiefe, Strömungen und sich dadurch ständig verändernde Bodenstrukturen und deren meist dichter Bewuchs erschweren die Suche. Ungenaue Ortsangaben machen die Suche zusätzlich eher zu einem Glücksspiel. Gezieltes, systematisches Vorgehen ist hier angesagt  und nicht zuletzt Zurückhaltung beim Bergen, wo die Gewichtsbelastungen und die damit verbundenen Gefahren häufig unterschätzt werden.

***Trocken-
tauchen***

***Eis-
tauchen***

***Bergsee-
tauchen***

***Suchen und
Bergen***

# Trockentauchen

Noch vor wenigen Jahren war Trockentauchen eine Angelegenheit von wenigen Tauchern, die hauptsächlich in kalten Gewässern und in der kalten Jahreszeit getaucht haben. Nach und nach stiegen immer mehr TauchausbilderInnen auf Trockentauchanzüge um. Sie empfanden bei ihren häufigen Tauchgängen selbst in warmen Meeren das „nasse" Frieren unter Wasser und das Umziehen auf dem Schiff bei Wind als unangenehm. Heute ist für sie Trockentauchen ein wichtiger Beitrag zur Tauchsicherheit und zum Schutz der eigenen Gesundheit. Ihren AusbilderInnen entsprechend greifen so auch viele TaucherInnen mittlerweile zum praktischen Trockentauchanzug.

Auch in Gebieten, in denen niedrige Luft- und Wassertemperaturen herrschen, dient der Trockentauchanzug dazu, neue Tauchgebiete zu erschließen. Voraussetzung dazu ist eine fundierte Ausbildung in Theorie und Praxis unter fachkundiger Anleitung. Der Inhalt dieses Kapitels basiert auf langjährigen Erfahrungen, die Thomas Kromp, freier Mitarbeiter der Fa. Balzer, und Norbert Jung, Fa.Triton, als Tauchlehrer und Ausbilder von Tauchlehrern gemacht haben.

## Anforderungen an das Tauchgewässer

Für die erste Praxisstunde wäre ein mindestens 4 Meter tiefer Pool mit kaltem Wasser ideal. Diese Möglichkeit wird kaum gegeben sein. Aus diesem Grund ist ein Freigewässer nach folgenden Kriterien auszuwählen:

- Das Tauchgewässer soll auf kurzem und einfachem Weg erreichbar sein, um Anstrengungen und Stress zu vermeiden.
- Der Einstieg ins Wasser muss flach abfallend sein, mit einem festen Untergrund, damit die ersten Einweisungen und Übungen einfach und gefahrlos ablaufen können. Dabei ist auch der Umweltschutz zu berücksichtigen.
- Die Sicht unter Wasser soll mindestens 4 Meter betragen.
- Das Gewässer soll strömungsfrei und etwa 10 Meter tief sein.

Um nicht unnötig den Grund aufzuwühlen und damit die Sicht zu verschlechtern, macht man die Übungen möglichst im freien Wasser an einer Boje. Die verankerte Bojenleine wird alle 2 Meter mit einer Tiefenmarkierung versehen, damit sich der Taucher voll auf seinen Trockentauchanzug und die Übungen konzentrieren kann.

## Entwicklung des Trockentauchens

Trockentauchanzüge in verschiedenen Ausführungen werden seit Beginn der Taucherei benutzt. Die Helmtaucher der früheren Zeit schützten sich damit bereits vor den Einflüssen des Wassers. Die Anzüge bestanden aus gummiertem Gewebe und waren sehr steif und schwer. Der darauf direkt montierte Kupferhelm, in den die Atemluft eingeblasen wurde, hatte ein großes Volumen und dadurch auch einen erheblichen Auftrieb, der durch schwere Bleigewichte ausgeglichen werden musste. Für die Standsicherheit sorgten zusätzliche schwere Bleischuhe. Das Gesamtgewicht der Ausrüstung erreicht fast 100 kg, was einen Kraftakt an der Oberfläche erforderte. Aus dieser Zeit stammt wohl auch noch die Vorstellung, dass das Tauchen nur ein Sport für harte Männer ist!

Das große Volumen von Helm und Anzug hatte auch den Nachteil, dass bei schnellen Abstiegen die Luft nicht schnell genug nachgeliefert wurde, sodass sich der Druckausgleich im Anzug nicht einstellte. Dadurch war die Gefahr von Barotraumen relativ groß, weil sich das Anzugmaterial vor allem im Bereich der Beine eng anlegte und Falten schlug. In diesen Bereichen kam es zu einem Unterdruck und im Extremfall zum Barotrauma der Haut. Nur dickes Wollunterziehmaterial konnte dem etwas entgegenwirken.

Ausgeglichene Druckverhältnisse bestanden nur im Helm- und Brustbereich.

Die Begriffe „äußeres Blaukommen“ oder auch „Schröpfkopfwirkung“ stammen aus dieser Zeit. Wenn der Taucher plötzlich „abstürzte“, entstand im unteren, flexiblen Bereich ein starker äußerer Überdruck, im starren Helm dagegen ein Unterdruck, das Blut, in Grenzfällen auch der ganze Körper wurden regelrecht in Richtung Helm gesaugt!

Heute dominieren im Sport- und Berufstauchbereich die „Konstantvolumen-Trockentauchanzüge“ (KV-Anzüge), eine Weiterentwicklung der alten Anzüge aus der Helmtaucherei. Bei diesen Anzügen regelt der Taucher selbst manuell die Luftzufuhr in den Anzug und passt dadurch ständig den Anzuginnendruck an den Umgebungsdruck an. Atem- und Tarierluft sind dadurch vollkommen getrennt.

Diese Anzüge umschließen den Körper (bis auf den Kopf) völlig wasserdicht. Die sichere Abdichtung wird durch eng anliegende Dichtmanschetten erreicht. Während bei den Helmtauchanzügen der Taucher noch durch die aufgeweitete Halsmanschette in seinen Anzug steigen musste, weisen moderne Anzüge durchweg wasserdichte Reißverschlüsse auf. Diese wurden speziell für die Raumfahrt entwickelt und sind bei richtiger Behandlung und Pflege vollkommen gas- und wasserdicht. Bei Berufstauchanzügen wird meist eine spezielle Vollmaske oder ein Helm verwendet, sodass auch der Kopf geschützt ist und trocken bleibt. Auch in der Sporttaucherei ist die Vollgesichtsmaske schon verbreitet anzutreffen.

## Nass- und Trockentauchen

*Auskühlung*

Eines der größten Probleme bei der Taucherei ist die Temperatur. Unser Körper ist auf eine Temperatur von etwa 37 °C eingeregelt, wobei Abweichungen von einem Grad bereits über unser Wohlbefinden entscheiden können. Sind es bei uns im Sommer und

in den Tropen meist Überhitzungen an der Oberfläche, so sind es bei Tauchgängen in unseren Breiten schnelle Abkühlungen in Tiefen unter 15 Metern, da dort ganzjährig die Temperatur nicht über etwa 10 °C steigt.
Die Abkühlung ist von zahlreichen Faktoren abhängig:
*An der Oberfläche:*
*Lufttemperatur* und die entsprechende Bekleidung in Abhängigkeit von der Jahreszeit
*Wind und Regen.* Kältegrade bei Windstille lassen sich besser ertragen als bei Wind und Regen (Fühltemperatur), da die sich um den Körper bildende, wärmere Luftschicht, die isolierend wirkt, sich dauernd erneuern muss und zudem das kalte und verdunstende Regenwasser sehr viel Wärme abführt.
*Dauer der Einwirkung.* Aus der Sauna kommend, lassen sich auch Minusgrade ertragen, aber eben nur kurzzeitig!
*Tageszeit.* Die gleiche Temperatur, die tagsüber als angenehm empfunden wird, erscheint uns nachts um 3 Uhr zu kühl, da der Körper dann seine Ruhephase hat und weniger Eigenwärme produziert.
*Unter Wasser:*
*Wassertemperatur.* Auch im Hochsommer, wenn wir an der Oberfläche in der Badehose schwimmen, haben unsere Gewässer in der Tiefe nur die Grundwassertemperatur von etwa 6 bis 8 °C. Da das Wasser eine 800-mal größere Dichte und eine 25-fach bessere Wärmeleitfähigkeit als Luft hat, kühlt der ungeschützte Körper schneller ab.
*Anzugart und Passform.* Bei einem zu großen Nasstauchanzug wird immer etwas Wasser durchspülen und die sich um den Körper bildende, wärmere, isolierende Wasserschicht mitnehmen. Etwas günstiger sind da die Halbtrockentauchanzüge, die durch eng anliegende Manschetten an Armen und Beinen dichten und einen Wasseraustausch weitgehend verhindern. Noch günstiger sind Trockentauchanzüge. Hier wird das Wasser durch eine isolierende Luftschicht ersetzt, die durch Unterziehwäsche und zusätzlich eingeblasene Luft in der Dicke verändert und dem Umgebungsdruck angepasst werden kann.
*Körperbau.* Eine dicke Schicht von schlecht durchblutetem Fettgewebe entspricht oft nicht dem Schönheitsideal, kann aber einen Teil des Neoprens ersetzen, da es auch gut isoliert. Dünne, schlanke Menschen werden schneller auskühlen als korpulentere Tauchpartner, Frauen normalerweise auch schneller als Männer. Es kommt eben auf das Verhältnis Muskelmasse zu Körpergewicht bzw. Körperoberfläche zu Körpergewicht an.
*Tauchzeit.* Der Tauchgang muss beendet werden, wenn die Gefahr der Unterkühlung besteht, der Körper also nicht mehr genug Wärme nachliefern kann, um die Temperatur im Kern zu halten. Bei ungeschütztem Körper kann es auf Dauer auch schon bei einer Wassertemperatur von 25 °C zu einer Unterkühlung kommen, da dabei der Körper mehr Wärme verliert, als er nachliefern kann.
*Tauchtiefe.* Zumal in unseren Gewässern gilt: Je tiefer umso kälter! Damit ist nicht nur die Wassertemperatur gemeint, auch die Isolierwirkung eines

Neoprenanzuges wird schlechter, da die isolierenden Luftbläschen stark zusammengepresst werden. Auch der Luftverbrauch nimmt stark zu. Da diese Luft sehr kalt und trocken ist, muss sie vom Körper erwärmt und befeuchtet werden, was Energie erfordert.
*Belastung.* Bei zunehmender Belastung (z.B. Schwimmen gegen die Strömung) muss der Körper mehr Muskelarbeit aufbringen, das erzeugt Wärme. Für kurze Zeit friert man dann weniger, irgendwann sind aber die Körperreserven erschöpft.
*Gewöhnung.* In gewissen Grenzen kann sich ein Körper auch an die Kälte gewöhnen, anders ist es wohl nicht zu erklären, dass es Menschen gibt, die mit Wonne in Eislöchern baden!
Bei den meisten der oben angeführten Faktoren, die auf die Auskühlung einen Einfluss haben, hat ein Trockentauchanzug Vorteile.
Allerdings gilt auch hier, dass, wo es Licht auch Schatten gibt. Das gilt nicht nur für den Preis: Ein einigermaßen guter Trockentauchanzug mit entsprechender Unterziehwäsche kostet doch etwas mehr als ein vergleichbarer Nass- oder Halbtrockentauchanzug!
Auch das freie Gefühl des Schwebens ohne Einschränkung der Bewegung geht etwas mehr verloren. Wer schon einmal nur mit Badehose und Tauchgerät in einem angenehm warmen tropischen Gewässer getaucht hat, ohne dauerndes Tarieren und ohne Beengung durch einen Neoprenanzug, kennt das freie Gefühl. Bei einem Trockentauchanzug wird gegenüber einem Nasstauchanzug noch etwas mehr von dieser Freiheit geopfert. Zum einen muss immer nachtariert werden, außerdem ist die Unterwasserlage nicht mehr vollkommen neutral. Da im Trockentauchanzug, auch wenn er sehr gut passt, immer etwas vagabundierende Luft ist, die sich bei einer Lageänderung verschiebt, erfordert es schon etwas Erfahrung, immer eine stabile Schwimmlage zu erhalten.

## Vor- und Nachteile der verschiedenen Tauchanzüge

*Nasstauchanzug*

Es ist wohl immer noch der am weitest verbreitete Anzug, der sich als Overall oder auch als Kombination aus Long John (bis zu den Schultern reichende Hose) und Jacke schnell anziehen lässt, vor allem, wenn er an Armen und Beinen zusätzliche Reißverschlüsse hat. Wichtig ist dabei die Passform, um einen allzu schnellen Wasseraustausch zu verhindern. Obwohl meist eine Neoprenstärke von 7 Millimeter gewählt wird, lässt die Isolierwirkung in der Tiefe schnell nach.
Neopren ist ein aufgeschäumtes, synthetisches Gummimaterial, dessen eigentliche Isolierwirkung durch die innen eingeschlossenen Gasbläschen zustande kommt und das dadurch auch einen großen Auftrieb hat. Da diese Gasbläschen aber dem Boyle-Mariotte'schen Gesetz unterliegen und mit zunehmendem Druck zusammengepresst werden, lässt auch die Isolierwirkung in der Tiefe schnell nach.
Das Neopren wird innen und außen noch mit einem Nylon- oder Lycragewebe beklebt („kaschiert"). Auf der Innenseite hat das den Zweck, dass sich die Anzüge leichter anziehen lassen, da

das Gewebe auf der Haut besser gleitet. Auf der Außenseite dient es vor allem modischen Zwecken, da es sich einfärben und bedrucken lässt; es hat außerdem eine Schutzfunktion: Bei scharfen Kanten und spitzen Fingernägeln reißt es nicht so schnell ein.
Ein weiteres, großes Problem ist die Veränderung des Neoprens. Es wird bereits nach wenigen Tauchgängen dünner und der ganze Anzug wird enger (auch wenn sich das Körpergewicht nicht ändert). Da der Anzug ja beim Kauf sehr gut sitzen soll, ist er nach ein bis zwei Jahren unter Umständen bereits so eng, dass die Atmung beeinträchtigt wird!
Nasstauchanzüge sind preisgünstig und robust und benötigen wenig Pflege, von gelegentlichem Waschen einmal abgesehen.
Unangenehm bleibt natürlich der Kleiderwechsel vor und nach dem Tauchgang bei schlechtem Wetter und bei niederen Temperaturen. Die Tauchdauer bei niederen Wassertemperaturen hält sich in Grenzen, 20 bis 25 Minuten in winterlichen Gewässern sind wohl das Maximum, will man nicht eine Unterkühlung provozieren.

*Halbtrockentauchanzug*
Der Halbtrockentauchanzug (Spötter bezeichnen ihn auch als Halbnasstauchanzug) ist eine Weiterentwicklung des Nasstauchanzuges. Durch den Verzicht auf Reißverschlüsse an Armen und Beinen und durch eng anliegende Manschetten aus Glattneopren wird eine gute Abdichtung erreicht, was eine Zirkulation des Wassers verhindert, auch dann, wenn der Anzug an einigen Stellen etwas weiter ist. Besonders angenehm sind diese Dichtmanschetten im Gesicht, wenn in Gewässern mit niederer Temperatur getaucht wird. An Armen und Beinen sind die Manschetten teilweise noch doppelt, Füßlinge bzw. Handschuhe werden zwischen die Manschetten gelegt, sodass der Abschluss schon fast so dicht ist wie bei einem Trockentauchanzug, allerdings ohne den dort möglichen Druckausgleich durch die eingeblasene Luft.
Durch das Glattneopren lassen sich diese Anzüge etwas schwerer anziehen, da das Material schlecht auf der Haut gleitet. Durch Verwendung von glatten Nylon- oder Perlonstrümpfen oder durch eine hilfsweise übergestreifte Plastiktüte kann man aber eine Beschädigung der Manschetten weitgehend verhindern. Regelmäßiges Einreiben der Manschetten mit Talkum erleichtert das Gleiten zusätzlich.

*Neopren-Trockentauchanzug*
Der Neopren-Trockentauchanzug ist im Grunde ein verbesserter Halbtrockentauchanzug. An den Beinen direkt angesetzte Füßlinge oder Stiefel, an den Armen ebenso wie am Hals dichtende Manschetten meist aus Glattneopren sowie ein gas- und wasserdichter Reißverschluss sorgen dafür, dass kein Wasser eindringen kann.
Der wichtigste Unterschied ist aber eine Einrichtung, durch die Luft aus der Druckluftflasche in den Anzug geblasen werden kann. Dadurch kann der Innendruck immer dem Außendruck angepasst werden, das Volumen bleibt immer gleich. Anzüge dieser Art werden daher auch als Konstantvolumen-

*Semi Dry-Tauchanzüge.*

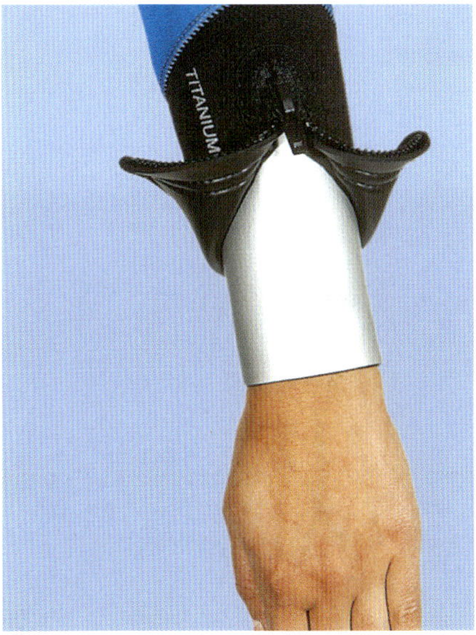


*SCS-TITANIUM-beschichtete doppelte Glatthaut-Armmanschette.*

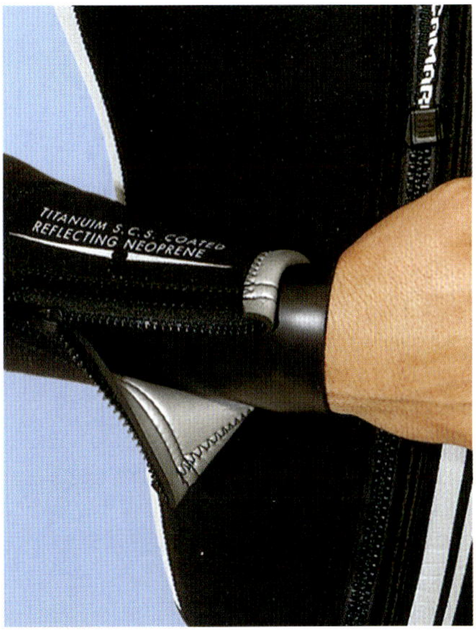


*Glatthaut-Doppelmanschette mit Zipp an Armen und Beinen; Innenmanschette aus elastischem Neopren mit SCS-Titanium-Beschichtung.*

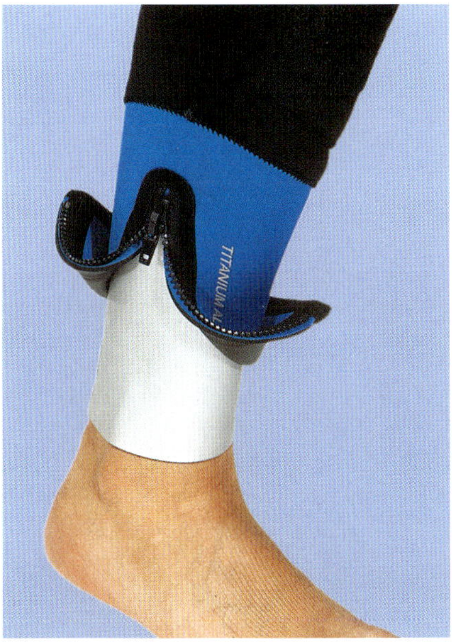

*SCS-TITANIUM-beschichtete doppelte Glatthaut-Beinmanschette.*

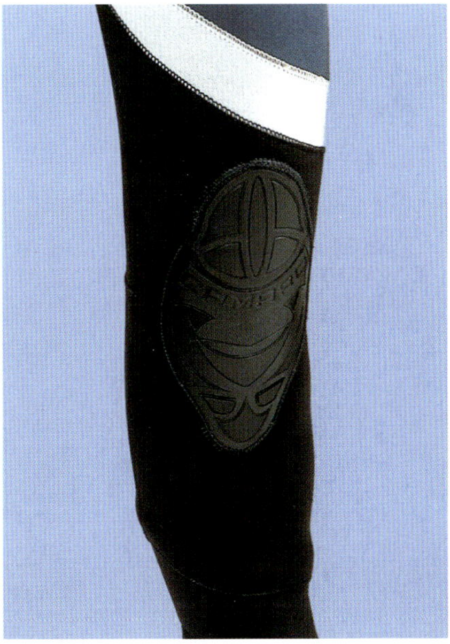

*Aufgenähte abriebfeste, ergonomisch vorgeformte Gummiknieverstärkung.*

anzüge bezeichnet. Die eingeblasene Luft zusammen mit dem Neopren des Anzuges sorgen bereits für eine gewisse Isolierung und damit für eine verzögerte Auskühlung.
Ein weiter verbesserter Schutz kann durch zusätzliche Unterziehwäsche erreicht werden, wodurch das isolierende Luftpolster noch dicker und wirkungsvoller wird. Nachteilig dabei ist aber der dadurch entstehende Auftrieb, der durch zusätzliches Blei kompensiert werden muss.
Diese Art Anzüge sind wohl auch die Ursache für das Vorurteil, dass man bei Trockentauchanzügen sehr viel Blei benötigt! Natürlich unterliegen auch hier die Gasbläschen im Neopren des Anzuges dem Boyle-Mariotte'schen Gesetz und werden mit zunehmender Tiefe zusammengepresst. Diese Volumenverringerung kann aber durch Einblasen zusätzlicher Luft kompensiert werden, was auch für die Wärmeisolierung günstig ist. Ein Vorteil dabei ist, dass im Falle einer Totalflutung des Anzuges z.B. durch einen Riss immer noch der Auftrieb des Neoprens erhalten bleibt. Bei vollständiger Unterziehwäsche schränken diese Anzüge die Bewegungsfreiheit etwas ein, was vor allem bei längeren Schwimm- und Schnorchelstrecken nachteilig ist.
Wegen der Manschetten und dem Spezialreißverschluss ist eine regelmäßige Pflege wichtig. Neue Materialien, wie z.B. Press- oder Crashneopren, haben weniger oder kleinere eingeschlossene Gasbläschen und dadurch auch etwas schlechtere Isolationseigenschaft als normales Neopren. Bei zunehmendem Druck verändert sich das Material aber auch wesentlich weniger als normales Neopren. Der Taucher benötigt weniger Blei und muss durch den geringeren Volumenverlust auch weniger tarieren.
Vorteil dieses Materials ist aber die Dehnfähigkeit.

*Membrantrockentauchanzug*
Bei Anzügen dieser Art wird das Neopren durch ein relativ dünnes, beschichtetes Gewebe ersetzt. Der übrige Aufbau wie Manschetten und Spezialreißverschluss ist gleich wie beim Neopren-Trockentauchanzug.
Als Trägergewebe wird meist Nylon in unterschiedlichen Stärken eingesetzt, die Beschichtung ist z.B. Polyurethan oder auch Gummi.
Diese Anzüge ähneln so noch am ehesten den beim Helmtauchen eingesetzten klassischen Anzügen. Je nach Anzug hat das Material eine Stärke zwischen 0,4 und 2 Millimeter. Die Anzüge sind sehr robust, reißfest und säurebeständig und oft noch an exponierten Stellen (z.B. an den Knien) verstärkt.
Eine Sonderbauart ist das von beiden Seiten mit Nylon beschichtete Butylgummi (Trilaminat). Durch die beidseitige Beschichtung kann die dichtende Gummischicht sehr dünn sein, wodurch Anzüge aus diesem Material sehr leicht sind.
Alle Membrantauchanzüge sind zwar dicht, isolieren selbst aber nicht. Die Isolation wird durch die eingeblasene Luft und das Unterziehmaterial erreicht und ist nur von dessen Qualität und Stärke abhängig. Das hat auch den Vorteil, dass je nach Jahreszeit und gewünschter Isolationseigenschaft ver-

schiedene Unterzieher einzeln oder kombiniert verwendet werden können. Diese Anzüge lassen sich leicht anziehen und schränken die Bewegungsfreiheit an Land und im Wasser kaum ein. Der Auftrieb ist ebenfalls nur vom eingeblasenen Luftvolumen abhängig, das um das Unterziehmaterial herum den Innenraum ausfüllt, das Anzugmaterial selbst hat keinen Auftrieb.
An Blei ist daher auch nicht mehr als bei einem normalen Nasstauchanzug nötig, sofern der Anzug eine gute Passform hat. Durch die Gewebekonstruktion hat das Material nur eine äußerst geringe Dehnfähigkeit, im Gegensatz zu Neopren.
Erwähnenswert ist noch das geringe Gewicht solcher Anzüge und die große Lebensdauer im Vergleich mit Trockentauchanzügen aus Neopren.
Der Auftrieb erfolgt in erster Linie durch das eingeblasene Luftvolumen. Bei einer starken Beschädigung des Anzugmaterials während des Tauchgangs könnte dieses Luftvolumen entweichen und so der Auftrieb verloren gehen. Ein zusätzliches Tariermittel wie Weste oder Jacket ist also wichtig. In der Praxis hat sich aber gezeigt, dass bei einem guten Unterziehmaterial auch bei Vollflutung immer noch genügend Luftvolumen in diesem Gewebe bleibt, sodass die Tarierung nicht vollkommen verloren geht. Das gilt natürlich nur, wenn nicht zu viel Blei verwendet wird.
Wie beim Neopren-Trockentauchanzug, so ist auch hier eine regelmäßige Pflege der Manschetten und des Reißverschlusses wichtig.

*Doppelschaliger Membrantauchanzug*
Es handelt sich dabei um einen normalen Membrantauchanzug, jedoch mit einer zweiten Außenhaut aus beschichtetem Nylon. Diese Haut ist zwar nicht dicht, bildet aber einen mechanischen Schutz und kann ausgewechselt werden. Hierdurch sind auch noch einige angenehme Nebeneffekte gegeben. Sie kann modisch gestaltet werden und hat Funktionen wie Taschen, Taillengummi, Reißverschlussabdeckungen, zusätzliche Polsterungen im Gesäß- und im Kniebereich usw. (z.B. „Mobby“, Fa. Balzer).

## Komponenten eines Trockentauchanzuges

*Reißverschluss*
Herzstück eines jeden Trockentauchanzuges ist der gas- und wasserdichte Reißverschluss, durch den der Taucher in den Anzug einsteigt. Ein Reißverschluss besteht aus zwei Reihen von Metall- oder Kunststoffzähnen, die etwas gegeneinander versetzt sind. Sie werden durch einen Schieber so aufeinander zugeführt, dass die Zähne ineinander greifen und sich verhaken. Das Patent für Verschlüsse dieser Art stammt schon aus dem Jahre 1917, die gas- und wasserdichte Ausführung ist aber jüngeren Datums. Sie wurde ursprünglich für die Raumfahrt entwickelt. Die Dichtigkeit wird dadurch erreicht, dass durch die inneren Zähne zwei Dichtlippen fest aufeinander gepresst werden. Durch diesen Dichtungsdruck werden die inneren Zähne schon vorbelastet, zusätzliche Belastungen in diese Richtung sollten daher in engen Grenzen bleiben. Besonders

*Semi Dry-Tauchanzug.*

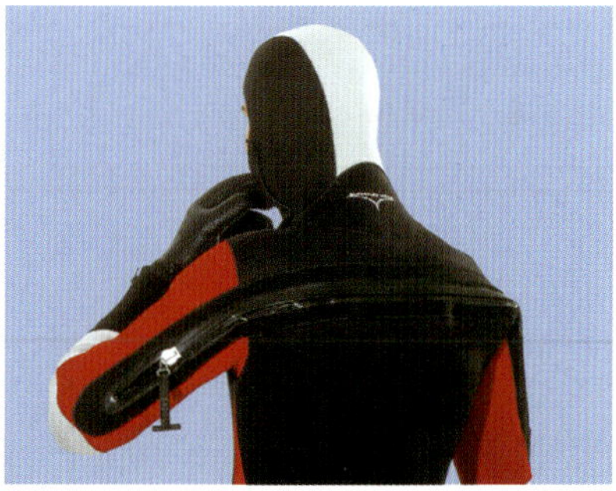

*Flexibler TI-Trockenzipp am Rücken.*

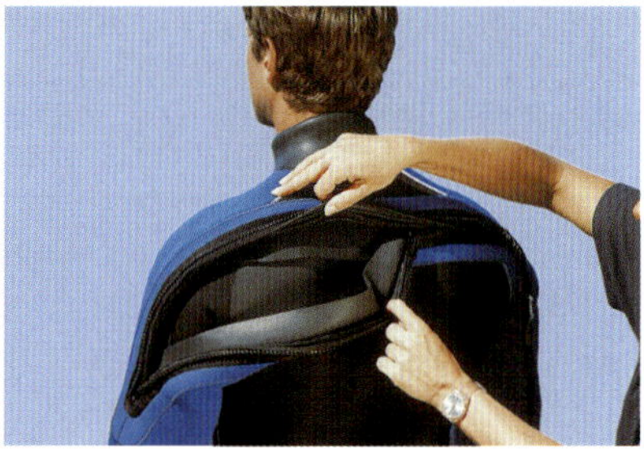

*Doppel-Zippsystem mit zusätzlichen doppelten Smoothskin-Dichtlaschen verhindert Wassereintritt durch den Zipp.*

*Mikroskin-Innenweste.*

*Trockentauchanzug kombiniert mit Kopfhaube.*

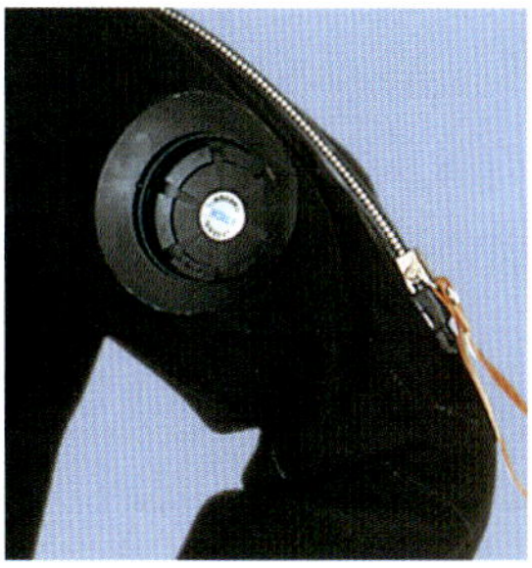

*Aus- und Einlassventile.*

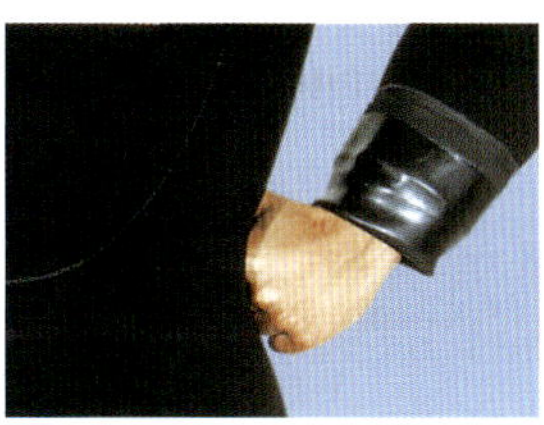

*Latexmanschetten an den Armen.*

*Trockentauchanzug.*

kritisch ist es, wenn Teile des Unterziehmateriales mit eingeklemmt werden, in der Regel wird der Reißverschluss dadurch zerstört. Gegen Kräfte in Längsrichtung ist der Reißverschluss relativ unempfindlich. Der Reißverschluss muss gepflegt und sorgfältig behandelt werden, da er mit zu den empfindlichsten und teuersten Teilen des Anzuges gehört. Er darf nicht scharf abgeknickt werden, das gilt vor allem für den Bereich des Schiebers. Transport und Aufbewahrung stets mit voll geöffnetem Reißverschluss. Beide Seiten müssen außen regelmäßig mit Wachs eingerieben werden, damit der Schieber gut gleitet und die Zähne möglichst reibungsarm ineinander greifen.

Je nach Hersteller gibt es die unterschiedlichsten Reißverschlussführungen, die ihre Vor- und Nachteile haben. Grundsätzlich gilt:

- Je länger ein Reißverschluss ist, umso stabiler muss er sein und umso teurer ist er.
- Ein Reißverschluss, der über Körperknickstellen verläuft (z.B. über den Bauch), wird in diesem Bereich stärker belastet.
- Ein Reißverschluss, der unter harten und scharfkantigen Ausrüstungsteilen liegt (z.B. Bleigewichten), wird mehr belastet.
- Ein Reißverschluss, der zu kurz ist, der also zu sehr geknickt wird, wenn der Taucher in den Anzug steigt, ist stärker belastet.

Wünschenswert wäre, wenn der Taucher schnell in seinen Anzug hinein und wieder heraus kommt und er den Reißverschluss selbst ohne Hilfe öffnen und schließen kann. Das wird aber wohl bei den wenigsten Modellen möglich sein, zumal dabei immer die Gefahr besteht, dass Teile des Unterziehmaterials mit eingeklemmt werden können.

Weitere Wünsche wären, dass man in Tauchpausen die Toilette aufsuchen kann, ohne sich vorher vollkommen aus dem Anzug pellen zu müssen. Das Gleiche gilt für die Kopfhaube, hier muss auch gewährleistet sein, dass man gut an die Halsmanschette kommt, die immer sauber sitzen muss, um dicht zu sein und nicht zu beengen.

Beispiele einiger Reißverschlussführungen:

1. Kurzer Rückenreißverschluss.
   Er versteift nicht den Rückenbereich, ist beim An- und Ausziehen aber gefährdet, weil er sehr stark geknickt werden muss. Schließen durch den Partner, damit kein Unterziehmaterial mit eingeklemmt wird.
2. Schräger, langer Frontreißverschluss.
   Er verläuft vom rechten Oberschenkel über den Bauch bis zum linken Ohr. Er ist ausreichend lang, entsprechend stabil und kann vom Taucher selbst geschlossen und geöffnet werden. Nachteilig ist, dass er über die Knickstelle am Bauch läuft und zusätzlich durch scharfkantige Bleigewichte gefährdet ist.
3. Langer Rückenreißverschluss.
   Er verläuft fast von Ellenbogen zu Ellenbogen und ist beim Anziehen wenig belastet, versteift aber etwas den Rückenbereich. Schließen durch den Partner, wie bei der kurzen Ausführung.

4. Kurzer, schräger Frontreißverschluss.
   Er vermeidet die Nachteile der langen Ausführung, weil er erst oberhalb der Taille beginnt, ist aber beim An- und Ausziehen gefährdet.
5. Umlaufender Reißverschluss (z.B. Marlin oder Swiss Sub).
   Er verläuft von einer Brustseite um den Kopf herum zur anderen Brustseite. Wegen der Länge und des gebogenen Verlaufs muss er sehr stabil sein und ist damit auch teurer. Man kommt sehr gut an die Halsmanschette und kann in Tauchpausen die immer etwas beengende Kopfhaube nach vorne wegklappen.
6. Langer Brustreißverschluss.
   Er verläuft direkt unter der Achsel von einer Seite zu anderen. Er kann vom Taucher selbst geschlossen und geöffnet werden. Nach dem Schließen wird er mittels Bänder über den Rücken gebunden und liegt dadurch eng am Körper an.

Das ist natürlich nicht eine vollständige Liste der Möglichkeiten, aber wie schon oben erwähnt, hat jede Reißverschlussführung ihre Vor- und Nachteile! Vorteilhaft ist, wenn der Reißverschluss unterlegt ist, um zu verhindern, dass Unterziehmaterial beim Schließen mit eingeklemmt wird. Ebenso vorteilhaft ist eine äußere Abdeckung zum Schutz.

*Einlassventil (Bypass)*

Das Volumen eines Konstantvolumenanzuges wird durch eingeblasene Luft konstant gehalten. Diese Luft wird durch einen eigenen Inflatorschlauch aus der ersten Stufe des Atemreglers entnommen und hat einen Druck von etwa 9 bar (Mitteldruck), je nach Automatentyp. Das Anschlussgewinde an der ersten Stufe (Druckminderer) ist üblicherweise 3/8" oder 1/2", bei älteren Automaten sind aber auch noch andere Gewinde anzutreffen. Im Zweifelsfall sollte der Inflatorschlauch durch einen autorisierten Fachhändler montiert werden. Üblicherweise sitzt das Einlassventil mittig auf der Brust, der Inflatorschlauch wird von der ersten Stufe des Atemreglers unter dem rechten Arm hindurch geführt und mittels Steckkupplung angeschlossen. Dadurch kann man als „Rechtshänder" die Steckkupplung leichter montieren, was wegen des Druckes und des relativ großen Querschnittes doch einige Kraft erfordert. Abweichungen hiervon sind z.B. nötig, wenn noch mit einer Rettungsweste statt mit einem Jacket getaucht wird. Da dann der mittlere Brustbereich verdeckt ist, muss das Einlassventil verlegt werden, z.B. seitlich. Die Länge des Schlauches muss ausreichend sein. Das Ventil muss so angeordnet sein, dass die Begurtungen die Betätigung des Ventils nicht behindern und der Taucher immer einen schnellen Zugriff hat.

Das Einlassventil wird in ein entsprechendes Loch im Anzug eingeschraubt und bei einigen Systemen zusätzlich gedichtet. Auch diese Arbeit sollte dem autorisierten Fachhändler vorbehalten bleiben. Der Anschlussnippel für die Schnellkupplung muss zum Transport des Anzuges mit einer kleinen Schutzkappe versehen werden, da sonst die

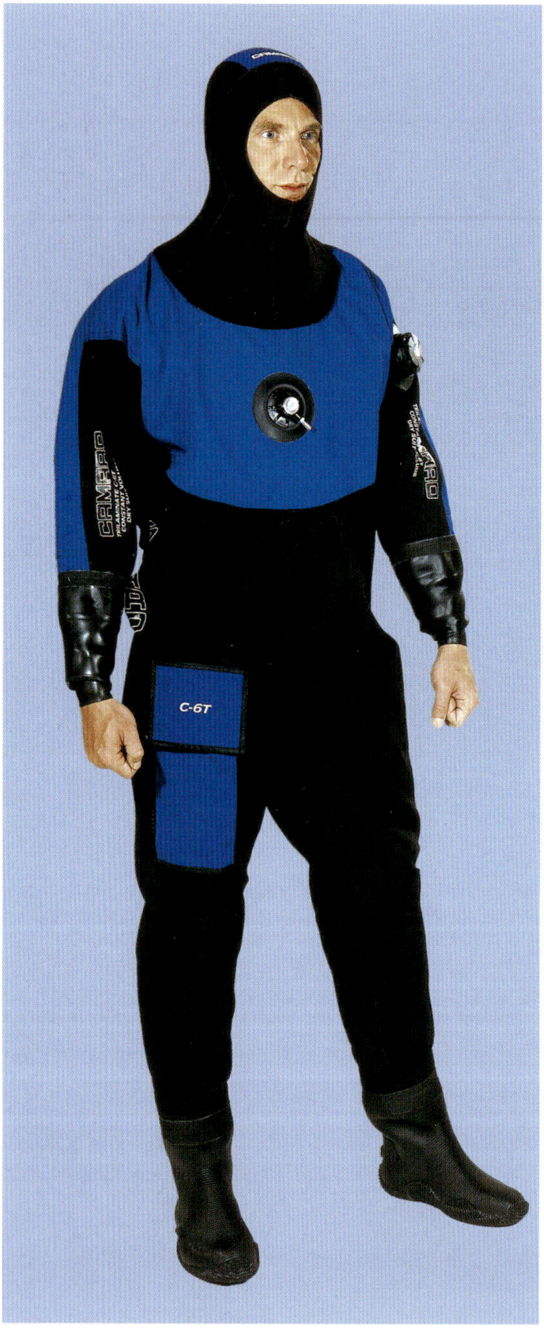


Trockentauchanzug mit angesetzter Neoprenkopfhaube und zusätzlichen Latexhals- und -armmanschetten.

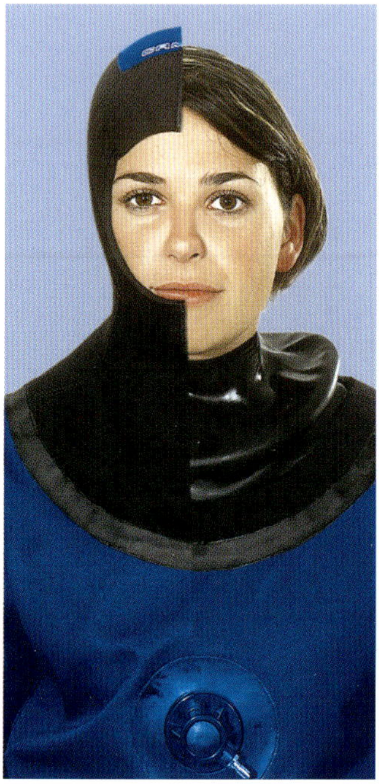

*Angesetzte 4 mm-Neoprenkopfhaube mit zusätzlicher Latex-Halsmanschette innen.*

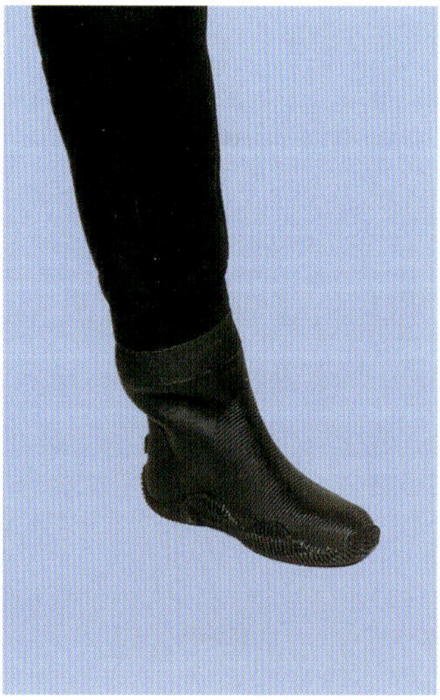

*Neopren-Trockenstiefel mit vulkanisierten Verstärkungen.*

*Gefütterter Unterzieh-Overall für Trockentauchanzüge mit Fußsohlensteg.*

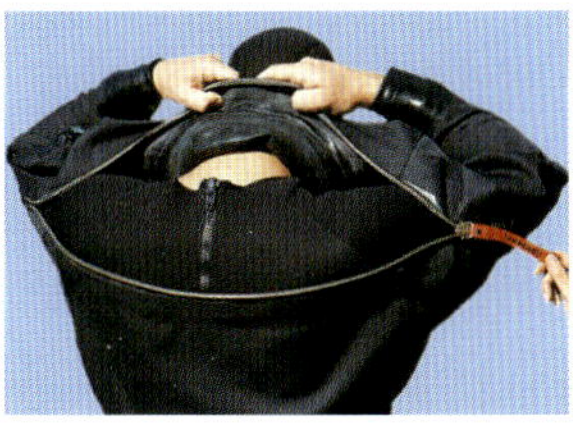

*Horizontaler Trockenzipp am Rücken.*

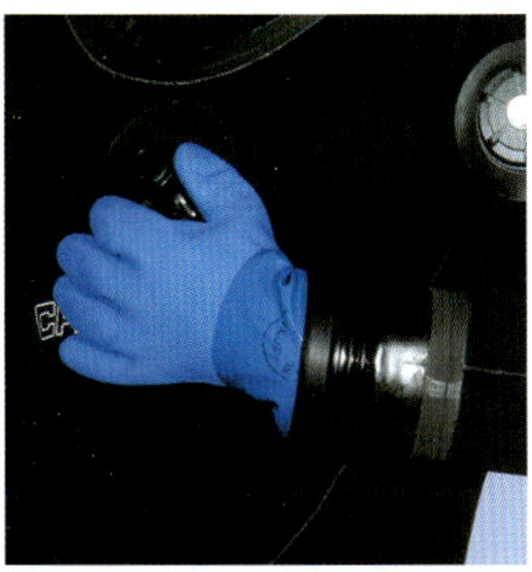

*Trockentauchhandschuh aus Latex mit Innenfutter.*

*Trockentauchanzug mit angesetzter Kopfhaube.*

scharfe Kante das Anzugmaterial beschädigen kann.
Die Arbeitsweise eines Einlassventils ist wie die des normalen Inflators.Der Druck steht immer am Ventil an. Durch Betätigen des Druckknopfes wird der Luftweg freigegeben, die Luft strömt in den Anzug. Da dabei eine Entspannung des Druckes stattfindet, kühlt sich die einströmende Luft auch stark ab, was auf der Haut sehr unangenehm ist. Aus diesem Grund wird die Luft waagerecht umgeleitet. Einige Hersteller unterlegen zusätzlich das Einlassventil mit einer Neoprenlasche, um diese punktförmige Abkühlung zu verhindern. Bei niedrigen Wassertemperaturen und großem Tarierluftbedarf kann es in ungünstigen Fällen auch zu einer Vereisung des Einlassventils kommen. Das Ventil schließt nicht mehr und liefert dauernd Luft in den Anzug. Um ein Hochschießen zu verhindern, bleibt dann nur die Möglichkeit, die Schnellkupplung sofort zu trennen und überschüssige Luft über das Auslassventil abzulassen. Nach ein bis zwei Minuten, wenn das Eis wieder aufgetaut ist, kann der Inflatorschlauch wieder angekoppelt werden.

*Auslassventil*
Das Auslassventil hat die Aufgabe, die sich beim Aufstieg im Anzug ausdehnende Luft so dosiert abzulassen, dass der Taucher weder absinkt noch zur Oberfläche schießt. Es werden heute nur noch automatisch arbeitende Auslassventile verwendet. Ältere Trockentauchanzüge hatten teilweise noch das Auslassventil am Kopf, was aber eine spezielle Luftführung erforderte. Es handelte sich dabei auch um manuell zu betätigende Ventile.
Heute ist das automatisch arbeitende Auslassventil meist im linken Oberarmbereich außen angebracht und kann so auch mit der rechten Hand manuell betätigt werden. Es muss am höchsten Punkt liegen, damit die Luft auch entweichen kann. In einigen Fällen ist es auch im Unterarmbereich montiert, dann muss zum Entlüften der Arm aber hochgehoben werden.
Wie das Einlassventil, so ist auch das Auslassventil in einem entsprechenden Loch im Anzugmaterial eingeschraubt und bei einigen Herstellern zusätzlich gedichtet. Im Grunde genommen ist das Auslassventil ein verstellbares, automatisch arbeitendes Überdruckventil. Die Ansprechempfindlichkeit und damit auch die im Anzug gehaltene Luftmenge lässt sich durch Verdrehen der äußeren Schraubkappe stufenlos einstellen.
Rechts drehen: Die Einstellfeder wird mehr vorgespannt, das Ventil spricht später an, mehr Luft wird im Anzug gehalten.
Links drehen: Die Einstellfeder wird entspannt, das Ventil spricht schon beim geringsten Überdruck an. Dieses ist die normale Stellung, um mit möglichst wenig Tarierblei auszukommen. So ist bei richtiger Tarierung auch gewährleistet, dass der Taucher immer im Schwebezustand ist und die Aufstiegsgeschwindigkeit nicht überschritten wird.
Das Auslassventil arbeitet auch als Schnellablass, wenn der Taucher auf die Schraubkappe drückt. Das wird erforderlich, wenn er so schnell zur Ober-

fläche hochschießt, dass die sich dann auch sehr schnell ausdehnende Luft im Anzug nicht mehr schnell genug durch das Auslassventil entweicht. Drückt der Taucher den Schnellablass zu lange, könnte über dieses dann offene Ventil Wasser in den Anzug eindringen, das wird durch ein Rückschlagventil verhindert.

*Manschetten*
Der gas- und wasserdichte Abschluss eines Trockentauchanzuges an den Armen und am Hals erfolgt durch Manschetten. Sie bestehen aus dünnem, flexiblen und dehnfähigem Latex, aus Neopren oder aus einer Mischung von beiden. Grundsätzlich ist eine Dichtung nur durch eine glatte Oberfläche auf der Haut möglich. Hierzu gibt es zwei Ausführungen.
*Einseitig kaschiertes, dünnes Glatthautneopren:* Manschetten dieser Art werden meist bei Neopren-Trockentauchanzügen eingesetzt. Die Kaschierung ist hier innen und erleichtert das Durchschlüpfen beim Anziehen, sie dichtet aber nicht. Dazu muss das Material umgeschlagen werden, sodass die außen glatte Seite auf die Haut zu liegen kommt. In die sich dadurch bildende Tasche strömt die Luft ein und unterstützt die Dichtwirkung durch den leichten Überdruck. Diese Art von Manschetten sind durch die einseitige Kaschierung sehr robust und langlebig, lassen sich, da das Material nicht so dehnfähig ist, aber etwas schwer anziehen und nur wenig anpassen. Sind sie zu eng, lassen sie sich durch längeres Spannen auf einem entsprechend großen Rundkörper etwas aufweiten. Glatthautseite regelmäßig mit Talkum einreiben.
*Manschetten aus Latex oder einer Mischung aus Latex und Neopren:* Dieses Material ist äußerst dünn, sehr dehnfähig und hat auf beiden Seiten eine glatte Oberfläche. Manschetten dieser Art werden nicht umgeschlagen, das Anziehen ist wegen der fehlenden Kaschierung aber etwas schwieriger. Als Anziehhilfe und zur Pflege sollten sie vor jedem Tauchgang mit Talkum eingerieben werden, dadurch gleitet das Material besser auf der Haut. Ein weiterer Trick ist eine hilfsweise übergestreifte Plastiktüte, auf der das Latexmaterial besser gleitet. Im Zubehörhandel sind auch entsprechende „Socks“ und Hauben erhältlich.
Solche Manschetten sind „Verbrauchsmaterial“ und müssen regelmäßig erneuert werden, wobei die Manschetten aus der Latex-Neoprenmischung (Super Latex) dreimal haltbarer sind als die normalen Latex-Manschetten. Latex-Manschetten sind meist etwas konisch gestaltet und lassen sich dadurch an jeden Arm- und Halsdurchmesser anpassen, indem man sie etwas abschneidet. Zur Hilfe sind im Material Ringe eingepresst, an denen man entlangschneidet. Vor dem Abschneiden sollten die Manschetten aber durch längeres Spannen auf entsprechende Rundkörper vorgedehnt werden, meist erübrigt sich dadurch das Abschneiden.
Zu viel abgeschnitten bedeutet eine undichte Manschette... also erneuern!
*Armmanschetten*
Die heute bei Membrantauchanzügen verwendeten Armmanschetten sind meist aus Latex oder Superlatex und

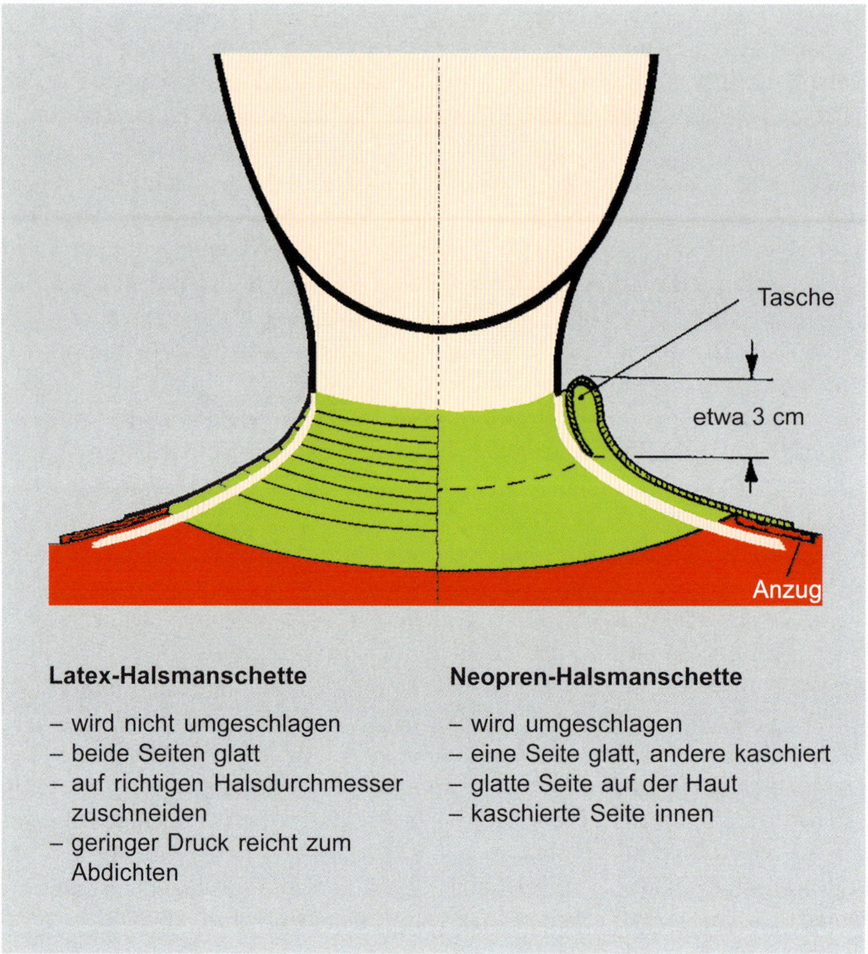


*Halsmanschette.*

können auf das entsprechende Maß der Arme angepasst werden, wenn sie konisch gestaltet sind. Neoprentauchanzüge dagegen haben meist auch Neoprenmanschetten, die nicht abgeschnitten werden. Beide Manschettenarten werden an den Armen nicht mehr umgeschlagen. Bei Armen mit stark hervortretenden Sehnen sollten diese Manschetten etwas enger gehalten werden, um sicher zu dichten, das gilt vor allem für Neoprenmanschetten. Darüber werden je nach Anforderung normale Nasstauch- oder Trockentauchhandschuhe getragen.

*Halsmanschetten*

Zur Abdichtung am Hals findet man in der Praxis sowohl die umgeschlagene wie auch die nicht umgeschlagene Manschettenart. Um zu dichten, muss immer die glatte Seite auf der Haut liegen. Je nach Anzug und Reißverschlussführung

ist allerdings das Umschlagen der Halsmanschette etwas umständlich. Die Halsmanschette sollte so fest sitzen, dass der Druck auf den Hals optisch kaum sichtbar ist. Der Druck darf nicht zu stark sein, da er am Hals direkt auf den Karotispuls wirkt, was lebensgefährlich werden kann. Anzüge, die mit umgeschlagener Halsmanschette getragen werden, müssen besonders gut passen, damit nicht zu viel Luft benötigt wird, um den Anzug an den Manschetten zu dichten.
Der umgeschlagene Streifen sollte 3 bis 4cm breit sein.
Die Latexmanschette sollte möglichst weit unten am Hals enden, damit sie nicht durch extreme Kopfbewegungen umschlägt. Dies hätte unter Umständen einen Wassereinbruch zur Folge. Zwischen den Tauchgängen an Land wird die dicht sitzende Halsmanschette oft als beengend oder störend empfunden. Einige Hersteller bieten daher zusätzlich einen Halsring an. Dieser wird in den Tauchpausen unter die Halsmanschette geschoben und nimmt den Druck auf. Vor dem Tauchgang muss sie aber entfernt werden, da sonst die Halsmanschette nicht dichtet.

*Füßlinge*

Bei fast allen Trockentauchanzügen sind die Füßlinge fest am Anzug angesetzt. Sie sollten möglichst stabil sein und eine Laufsohle mit Profil haben. Die Ferse sollte mit einem Fersenbandstopper ausgerüstet sein, damit das Fersenband nicht vom Füßling rutscht, wenn im Fußbereich zu viel Luft ist. Ein zusätzlicher Schutz durch eine Gummierung ist vorteilhaft, behindert aber natürlich das Abknicken des Fußes beim Flossenschwimmen. Da Membrananzüge aus Gewebe kaum dehnfähig sind, dehnt sich auch der Fuß in der Kopflage, wenn die Luft in den Fußbereich strömt, kaum aus; die Kopfabwärtslage kann relativ problemlos eingenommen werden. Trockentauchanzüge aus Neopren würden sich in diesem Falle ausdehnen. Durch eine zusätzlich angebrachte Kompressionsmanschette kann man diese Ausdehnung reduzieren.
Einerseits dürfen die Füßlinge nicht zu groß sein, um den Luftraum im oft starren Füßling klein zu halten. Andererseits müssen sie aber so groß sein, dass man gut hinein kommt und noch Unterziehsocken tragen kann, um die Isolierung auch in diesem Bereich zu gewährleisten.
Drückt der Fuß von innen direkt gegen den Füßling, so entsteht eine Kältebrücke und das führt schnell zu kalten Füßen. Werden erst einmal die Füße kalt, dann frieren die TaucherInnen schnell trotz guter Isolierung und der Zweck des Trockentauchanzuges ist nur noch bedingt gegeben.
Bei nach Maß gefertigten Trockentauchanzügen werden meist die Füßlinge getrennt angepasst, um eine optimale Passform zu garantieren. Diese getrennt ausgewählten Füßlinge oder Stiefel werden dann mit dem Anzug verklebt.
Bei einigen Herstellern sind die Füßlinge aus dem gleichen Material wie der Membrantauchanzug. Darüber werden dann noch normale Nasstauchfüßlinge gezogen. Das ist aber etwas unpraktisch und erfordert zudem sehr große Flossen.

*Handschuhe*

Im Allgemeinen werden im Bereich der Sporttaucherei normale Nasstauchhandschuhe eingesetzt. Sehr bewährt haben sich Neoprenhandschuhe, die innen im verlängerten Handgelenkbereich einen angesetzten Bund aus Glatthautneopren haben. Da dieser Bund mit seiner glatten Seite auf der ebenfalls glatten Latexmanschette aufliegt, sind diese Handschuhe relativ dicht. Ein Druckausgleich erfolgt aber nicht.

Je nach Anforderung können Drei- oder Fünf-Fingerhandschuhe aus doppelt kaschiertem Neopren verwendet werden, die Materialstärke ist dabei 5 oder 7 Millimeter.

Einige Hersteller verwenden als Armabschluss ein Ringsystem. Die Ärmel schließen dabei mit je einem etwa 2 cm breiten Ring ab, dessen Durchmesser so groß ist, dass auch die größte Hand durchgesteckt werden kann. Damit können nun wahlweise die üblichen Latex-Armmanschetten oder auch wasserdichte Gummihandschuhe getragen werden. Manschetten oder die Handschuhe werden einfach über die Ringe gezogen und zusätzlich durch einen übergestreiften O-Ring, der hier nur als Spannring dient, fixiert.

Ein anderes System arbeitet mit einem Doppelringsystem. Ein Ring ist wie beschrieben am Ärmel montiert, der zweite am Handschuh. Beim Anziehen werden die beiden Ringe übereinander geschoben und dichten durch einen O-Ring. Auch hier dienen die Gummihandschuhe nur der Dichtigkeit, die Wärmeisolation erfolgt dann durch darunter getragene Handschuhe aus Unterziehmaterial.

*Kopfhaube*

Die Kopfhaube ist entweder direkt am Anzug angesetzt oder separat zu tragen. Eine separate Kopfhaube hat Vorteile beim An- und Ausziehen sowie in den Tauchpausen und man findet leichter immer die passende Größe zum Anzug. Die Kopfhaube sollte ein Entlüftungssystem haben, das die darin angesammelte Luft automatisch ablässt, aber einen Wassereintritt verhindert. Die Dichtmanschette im Gesichtsbereich muss innen glatt sein und darf nicht zu schmal ausfallen, damit eine genügende Gesichtsabdeckung gewährleistet ist.

Bei extremen Bedingungen kann zusätzlich eine Eisschutzhaube getragen werden, deren Öffnungen für Augen und Mund man selbst ausschneiden kann. Kritischster Punkt ist der Nackenbereich, da hier der Körperkern direkt an die Hautoberfläche reicht!

Bei fest angesetzter Kopfhaube ist dieser Bereich meist ausreichend geschützt. Bei separater Kopfhaube muss unter allen Umständen gewährleistet sein, dass auch bei extremen Kopfbewegungen kein kaltes Wasser einströmen kann. Speziell diesen Punkt sollte man vor dem Kauf eines Anzuges testen.

Ein weiteres Problem kann der Druckausgleich bei eng anliegender Kopfhaube sein, vor allem, wenn im Bereich des Ohres Glatthautmaterial liegt, das sehr gut dichtet. Dadurch kann Luft oder Wasser am Nachströmen gehindert werden, sodass der Druckausgleich teilweise oder sogar vollkommen behindert ist. In diesem Falle helfen nur zwei kleine, in die Kopfhaube eingebrannte Löcher!

*Verlängerter Torso*
Bei einigen Trockentauchanzügen wurde der Mittelteil des Anzuges verlängert. Zum Trocknen aufgehängt, scheinen sie Riesen zu gehören. Der Vorteil dabei ist, dass sie sich leichter anziehen und mittels einstellbarer Hosenträger sehr exakt auf den Schritt einstellen lassen. Das nach dem Anziehen in der Taille übrige Stück wird einfach umgeschlagen und mit einem Schrittgurt fixiert. Die dehnbaren Hosenträger ergeben eine große Bewegungsfreiheit.

*Fußgewichte*
Bei etwas zu großen Füßlingen, vor allem bei Neopren-Trockentauchanzügen, aber auch bei Membrantauchanzügen, besteht im Fußbereich ein verstärkter Auftrieb, der beim Tauchen sehr hinderlich sein kann. Man kann sich behelfen, indem man kleine Gewichte zwischen 0,5 und 1kg an den Knöcheln befestigt, um diesen Auftrieb zu kompensieren. Diese Gewichte behindern aber beim Schwimmen, da sie bei jeder Fußbewegung zusätzlich beschleunigt werden müssen. Der Auftrieb durch die einströmende Luft kann verringert werden, wenn man den Fußbereich durch Fußbänder etwas einschnürt. Manchmal helfen auch schon die Gummibänder des Messers.

## Unterziehmaterial

Die Membrantauchanzüge aus gummierten oder beschichteten Geweben haben selbst kaum Isolationseigenschaften. Hier isoliert die Luft im Anzug und das entsprechende Unterziehmaterial. Das Unterziehmaterial muss spezielle physikalische Eigenschaften haben, um die gestellten Forderungen auch erfüllen zu können.
Wichtig ist dabei, dass die vom Körper abgegebene Feuchtigkeit von der Haut weggeführt wird, die Hautoberfläche muss trocken bleiben! Würde der Taucher nur Unterziehmaterial aus Wolle oder Baumwolle tragen, so würde dieses Material die Feuchtigkeit aufnehmen, aber nicht abführen. Die Haut bliebe feucht, der Taucher hat durch die Verdunstungskälte immer ein nasskaltes Gefühl. Dieses Material ist also direkt auf der Haut nicht geeignet.
Günstiger sind Materialien mit diffundierenden Eigenschaften („Ski-Unterwäsche"). Die Feuchtigkeit kann dann an das darüber getragene Unterziehmaterial weitergeleitet werden oder schlägt sich an der kalten Innenseite des Trockentauchanzuges nieder, der sich dadurch feucht anfühlt, ohne aber undicht zu sein.
Das Unterziehmaterial ist in fast allen Fällen aus Kunststoff, wobei Fleece (Webpelze, Faserpelz) aus Polyester oder Polypropylenfasern verwendet werden. Je dicker das Unterziehmaterial, umso besser die Isolation, umso mehr Blei ist aber auch erforderlich.
Das Anzugmaterial für Unterzieher sollte folgende Eigenschaften haben:

- hohe Wärmedämmung
- möglichst wenig Volumen bei hoher Wärmedämmung
- gute Isolationseigenschaften auch in geflutetem Zustand
- möglichst wenig Volumenänderung unter Druck
- geringe Wasseraufnahme
- winddicht und regenabweisend,

wenn man in den Tauchpausen den Trockentauchanzug ausgezogen hat
- diffundierende Eigenschaften, um die Körperfeuchtigkeit nach außen abführen zu können
- nicht „fusselnd“, wegen der Verschmutzung des Auslassventils
- waschbar und schnell trocknend.

Diese Forderungen können in der Praxis nur durch besondere Maßnahmen erfüllt werden. Einmal gehört dazu die Wahl des richtigen Kunststoffes. Eingesetzt werden Fasern aus Polyester und aus Polypropylen. Wichtig ist auch die Stärke der Faser. Je dünner sie ist, umso mehr Luft kann sie halten. Die Polypropylenfasern des Thinsulate-Unterziehmateriales sind innen hohl und werden in unterschiedlichen Stärken in Trägergewebe eingewebt. Auch die Webart hat einen Einfluss auf die Isolationseigenschaften. In der Praxis kommt wohl das von der Fa. 3M entwickelte „Thinsulate“ den praktischen Erfordernissen am nächsten, ist aber auch teuer und wird aus diesem Grunde oft mit anderen Geweben bzw. Materialien gemischt. Je höher der Thinsulate-Anteil, umso besser!

Eine gute Kombination wäre z.B. Ski-Unterwäsche aus Polypropylen als unterste Schicht, welche die Körperfeuchtigkeit an das darüber liegende Material weiterleitet ohne sich feucht anzufühlen, und darüber einen Unterzieher mit möglichst großem Anteil von Thinsulate. Eine andere Lösung ist der Unterzieher aus offenzelligem Schaum mit Nylonkaschierung, wie er bei der Fa. Viking verwendet wird. Er isoliert gut und ist widerstandsfähig gegen Kompression.

Trockentauchanzüge aus Neopren isolieren selbst, sie können im Sommer auch nur mit normaler Ski-Unterwäsche verwendet werden. Bei raueren Bedingungen ist aber auch hier ein zusätzlich isolierender Unterzieher zu empfehlen.

Wichtig ist der Schnitt der Unterzieher und der einwandfreie Sitz. Er darf nicht verrutschen oder sich im Bereich der Arme und Beine zurückziehen. Aus diesem Grund sind Unterzieher generell einteilig als Overall ausgeführt. Einige Hersteller haben zusätzlich Hosenträger eingearbeitet, um ihn exakt auf den Schritt anzupassen. An den Ärmeln sind meist Daumenschlaufen vorgesehen, die verhindern sollen, dass sich die Ärmel beim Hineinschlüpfen in die Ärmel des Trockentauchanzuges zurückschieben. Die Daumenschlaufen werden zu diesem Zweck über den Daumen gezogen, bis die Hände innen an die Armmanschetten anstoßen, dann werden sie abgestreift. Auf keinen Fall dürfen sie unter die Armmanschetten zu liegen kommen, da diese dann undicht sind.

Damit bei schnellem Aufstieg auch die Luft aus den oft sehr dichten Unterziehern entweichen und aus dem Ablassventil abströmen kann, haben einige Hersteller Ventilklappen oder Öffnungen meist unter den Armen der Unterzieher vorgesehen.

Die Wahl des richtigen Unterziehmaterials entscheidet über den Komfort beim Trockentauchen! Friert man im Trockentauchanzug, so liegt es meist am Unterziehmaterial, nicht am Anzug selbst, also nicht an der falschen Stelle sparen!

## Notwendige Zusatzausrüstung

*Weste, Jacket*

Auf- und Abtrieb bei einem Trockentauchanzug kann über das Ein- und Auslassventil geregelt werden, ganz theoretisch wäre also eine zusätzliche Weste oder ein Jacket überflüssig. Im Rahmen der allgemeinen Sicherheitsstandards hat sich aber bei allen Verbänden die Auffassung durchgesetzt, dass grundsätzlich mit Weste oder Jacket zu tauchen ist. Das hat auch beim Schwimmen an der Oberfläche große Vorteile. Bei einem Trockentauchanzug aus Neopren bleibt zwar der Auftrieb im Falle eines Defektes mit Vollflutung weitgehend erhalten, hier könnte auf die Westenforderung verzichtet werden, bei den Membran-Trockentauchanzügen dagegen ist in den meisten Fällen mit einem Auftriebsverlust zu rechnen. Wie viel dabei vom Auftrieb verloren geht, hängt davon ab, wo der Schaden ist, wie groß er ist und welches Unterziehmaterial verwendet wurde. Durch Abwurf des Bleigurtes wäre zwar sichergestellt, dass der Taucher wieder zur Oberfläche kommt, dieser Aufstieg wäre aber unkontrolliert und sicher zu schnell. Auch evtl. nötige Dekostopps sind dann nicht mehr möglich. Es muss gewährleistet sein, dass das Einlassventil des Trockentauchanzuges unter dem Jacket betätigt werden kann.

Das Jacket hat mehrere Funktionen:
- Es ist Trageschale und Bänderung für das Drucklufttauchgerät (DTG);
- Schwimmhilfe an der Oberfläche, da man dann die Luft im Anzug auf ein Minimum (Isolation, Dichtheit) reduziert, und eine stabilere Schwimmlage erreicht;
- als Nottarierung, falls der Trockentauchanzug beschädigt wird, Wasser in den Anzug dringt oder aus anderen Gründen Luft abströmt.

Das Volumen des Jackets sollte dem Gewicht des Tauchers angepasst sein, die Praxisforderung ist hier etwa 15 Liter.

Generell gilt:
- Es muss immer eine Weste oder ein Jacket verwendet werden.
- Der Auftrieb dieser Tariereinrichtung muss größer sein als der durch das Blei verursachte Abtrieb.
- Unter Wasser wird weitgehend mit dem Anzug tariert, er soll ja immer ein konstantes Volumen haben, daher auch der Name „Konstantvolumenanzug“.
- Tarierung an der Oberfläche über das Jacket, was eine stabilere Schwimmlage ermöglicht und mehr Bewegungsfreiheit gibt.
- Vor dem Tauchgang prüfen, ob sich alle Ventile betätigen lassen.

*Blei*

In vielen Diskussionen wird immer noch die Meinung vertreten, dass der Trockentaucher sehr viel Blei benötigt, um überhaupt abtauchen zu können. Teilweise stammt diese Meinung wohl noch aus der Helmtaucherzeit, wo ja tatsächlich Ausrüstungsgewichte bis zu 100 kg möglich waren. Auch so ein richtig dicker, störrischer alter Neopren-Trockentauchanzug mit viel Unterziehzeug erforderte noch einen Bleiballast bis zu 15 kg!

Wesentlich besser sieht es aus, wenn man die modernen Membrantauchanzüge betrachtet. Hier liegen die erforderlichen Bleimengen nicht höher als bei den üblichen Nasstauchanzügen. Das ist allerdings auch sehr stark vom Schnitt und der Passform des Anzuges, vom Unterziehmaterial und von der übrigen Tauchausrüstung abhängig. Für die ersten Trockentauchversuche sollte das Bleigewicht nach folgender Faustformel bestimmt werden:
Pro Kilogramm Körpergewicht beginnt man mit 0,1 kg Blei!
Eine andere Möglichkeit die Menge des benötigten Bleiballastes in etwa zu bestimmen ist, das gesamte Unterziehzeug in einen Eimer zu stopfen und so über die Literzahl das Volumen zu ermitteln. Das funktioniert allerdings nur bei Membrantauchanzügen, die vom Material her selbst ja keinen Auftrieb haben. Deren Auftrieb wird fast nur vom Volumen des Unterziehmaterials bestimmt. Die genaue Menge des benötigten Bleis wird dann aber bei den praktischen Übungen ermittelt.
Zu viel Blei behindert die exakte Tarierung und beeinträchtigt die richtige Schwimmlage, zu wenig Blei hat einen Unterdruck im Anzug zur Folge, durch geringste Undichtigkeiten wird Wasser angesaugt. Liegen die Bleigewichte des Anzuges auf dem Reißverschluss des Anzuges, sollten sie unterlegt oder durch Bleisäckchen ersetzt werden, um eine Beschädigung des teuren Reißverschlusses zu verhindern. Wie üblich sollten die Gewichte symmetrisch möglichst seitlich und vorne getragen werden, um eine stabile Schwimmlage zu erreichen, ohne allerdings die Betätigung der Schnellabwurfschnalle zu behindern. Diese soll rechtshand öffnend sein. Weder die einzelnen Bleistücke noch der ganze Gürtel dürfen verrutschen.

*Flossen*
Die an den Trockentauchanzügen direkt angesetzten Füßlinge mit stabiler Laufsohle und evtl. noch zusätzlicher Gummierung setzen die Verwendung von sehr großen Flossen mit breitem Fußbett voraus, auch bei verhältnismäßig kleinen Personen. Da die im Fußteil großen Flossen meist auch ein großes Blatt haben und relativ steif sind, kann es hier bei ungeübten Tauchern zu Problemen kommen. Bei längeren Schwimm- oder Tauchstrecken ermüdet die Beinmuskulatur, ein Krampf ist die Folge. Nur regelmäßiges Training kann hier Abhilfe schaffen!
Es kommen nur Flossen mit offenem Fußteil zum Einsatz. Das Fersenband muss in die entsprechende Fersenbandhalterung des Füßlings eingehängt werden. Dadurch wird verhindert, dass bei einer Haltung mit dem Kopf nach unten die Flossen durch die in den Fußteil einströmende Luft abspringen. Diese Gefahr besteht vor allem bei Anzügen aus dehnfähigem Material in diesem Bereich.

*Instrumente*
Die Ausstattung des Tauchers mit Instrumenten ist gleich wie beim Tauchen mit einem Nasstauchanzug. Unterschiede kann es allenfalls in der Länge der Befestigungsbänder geben, die möglicherweise für die Verwendung in Verbindung mit einem Trockentauch-

anzug zu kurz sind. Hier würde eine Konsole helfen, in der die Instrumente montiert werden. Aus Umweltschutz- und Sicherheitsgründen soll diese Konsole eng am Körper getragen werden und nicht abstehen oder gar über den Boden schleifen. Gerade bei den ersten Tauchgängen mit einem Trockentauchanzug verliert man schnell das Zeitgefühl, weil die sonst übliche, warnende Kälte ausbleibt. Eine regelmäßige Kontrolle von Finimeter und Tauchcomputer ist daher wichtig.

*Atemregler*
Die Wahl des richtigen Atemreglers spielt speziell beim Trockentauchen eine sehr wichtige Rolle. Üblicherweise werden diese Art Anzüge ja bei niederen Wassertemperaturen eingesetzt, entweder in der kalten Jahreszeit oder ganzjährig in Wassertiefen, in denen die Temperatur fast nie über 10 °C ansteigt. Aus diesem Grund muss der Atemregler auch folgende Bedingungen erfüllen:

- Kaltwassertauglich gemäß der Euronorm CEN 250
- Ausreichende Luftlieferleistung für die Atmung sowie für die Versorgung des Trockentauchanzuges und des Jackets
- Genügend Mitteldruck-Anschlussmöglichkeiten, z.B. Automat, Oktopus, Jacketinflator, Anzuginflator
- Die dazu gehörenden Mitteldruckschläuche müssen so lang sein, dass der Taucher in seiner Bewegung nicht behindert ist.

Bei der Montage der Mitteldruckschläuche ist auf die richtige Abgangsrichtung zu achten, damit keiner der Schläuche stark gebogen oder gar geknickt werden muss. Üblicherweise kommt der Hauptautomat über die rechte Schulter, ebenso der Oktopus bzw. Zweitautomat, der Jacketinflator kommt über die linke Schulter und der Anzuginflator unter dem rechten Arm hindurch.
Sind nicht genügend Mitteldruckabgänge in der richtigen Richtung vorhanden, kann natürlich auch von dieser Regel abgewichen werden. Auch aus anderen Gründen ist ein Abweichen möglich. Ist z.B. der Taucher Linkshänder, ist es günstiger, den Schlauch für den Anzuginflator unter dem linken Arm nach vorne laufen zu lassen, da er dann die Kupplung besser betätigen kann. Bei der Montage dieser Schläuche an der ersten Stufe des Atemreglers (Druckminderer) muss unbedingt auf die passenden Gewinde geachtet werden.
Gemäß den allgemeinen Sicherheitsstandards ist heute schon die Verwendung eines zweiten Atemreglers üblich. Hat der Taucher mit seiner ersten Luftversorgung Probleme, kann er aus dem zweiten Atemregler atmen, die Wechselatmung entfällt. Günstig wäre hier ein Atemregler mit seitlich liegender Ausatemmembrane, der von links wie von rechts kommend verwendet werden kann. Die Luftversorgung von Jacket und Anzug sollte dabei auf beide Regler aufgeteilt werden.

## Größenauswahl
Ein Trockentauchanzug soll gut sitzen. Er darf nicht zu groß sein, trotzdem muss er auch mit dicker Unterziehwäsche noch genügend Bewegungsfrei-

heit bieten. Er darf an keiner Stelle zu eng anliegen, da dann auch das Unterziehmaterial schon zusammengepresst wird und die Isolierwirkung vermindert ist. Durch solche Kältebrücken wird dann die Auskühlung beschleunigt.
Im Allgemeinen wird man zuerst einen Anzug „von der Stange“ anprobieren. Die entsprechenden Größenangaben variieren dabei je nach Hersteller.
Passt ein Trockentauchanzug von der Stange nicht einwandfrei, sollte man sich für eine Maßanfertigung entscheiden. Wichtig bei der Aufnahme der einzelnen Masse ist jeweils die richtige Stelle, an der gemessen werden muss. Auf jeden Fall sollte diese Vermessung in einem Fachgeschäft erfolgen, sonst könnte das Ergebnis tatsächlich eine „Vermessung“ sein!

## Pflege und Reparatur

*Pflege*

Die Pflege des Trockentauchanzuges ist nicht nur wegen des hohen Anschaffungspreises notwendig, sondern auch um die Sicherheit beim Tauchen zu gewährleisten. Hier sind grundsätzlich die Angaben des Herstellers sowie die Gebrauchsanleitung des Anzuges zu beachten.
Einige grundsätzliche Regeln können wir aber hier aufführen.

*Reißverschluss*

Vor dem Tauchgang sollte der Reißverschluss in geschlossenem Zustand außen sehr sorgfältig mit dem vom Hersteller mitgelieferten Wachsstift eingerieben werden. Reißverschluss nicht knicken! Sehr vorsichtig schließen, es darf auf keinen Fall ein Fremdkörper (Sand, Teile des Unterziehmaterials usw.) mit eingeklemmt werden. Vorsicht vor aufliegenden, kantigen Gegenständen (z.B. Bleigewichte).
Nach dem Tauchen Anzug mit Süßwasser spülen und mit offenem Reißverschluss auf speziellen Bügeln im Schatten trocknen. Auch beim Verpacken bleibt der Reißverschluss offen und darf nicht geknickt werden. Gereinigt werden kann der Reißverschluss mittels Zahnbürste und Seifenwasser.

*Latex-Manschetten*

Die Latex-Manschetten sowie alle anderen Gummiteile am Anzug sollten vor jedem Tauchgang mit Talkum gepflegt werden. Auf keinen Fall Silikon verwenden, da sich dadurch die Form verändern kann und die Haltbarkeit stark reduziert wird. Auch können dann normale Reparaturen nicht mehr durchgeführt werden, da auf dem so vorbehandelten Material nichts mehr hält.
Vorsicht: Sonnenbestrahlung und Sonnenschutzmittel können die Manschetten auflösen! Latex wird durch Ozon in kürzester Zeit zerstört! Dieses Ozon entsteht nicht nur bei Sonneneinstrahlung, es wird auch durch viele elektrische Einrichtungen wie Motoren, Zündungen von Heizungen oder gar Kopiermaschinen und Drucker erzeugt. Bei der Lagerung des Anzuges also darauf achten, dass solche ozonerzeugenden Einrichtungen nicht in der Nähe sind.

*Neopren-Manschetten*

Wie die Latex-Manschetten, so sollten auch die Neoprenmanschetten regelmäßig mit Talkum eingerieben werden.

*Ventile*
Je nach Material der Unterziehwäsche können sich Flusen im Ventil festsetzen und die Dichtigkeit sowie die Funktion gefährden. Aus diesem Grund ist eine ständige Kontrolle und Pflege wichtig. Ventile evtl. spülen, Dichtigkeit der Verschraubung regelmäßig prüfen. Die Innenreinigung und Pflege der Ventile sollte dem autorisierten Fachhändler vorbehalten bleiben, wenn die Gebrauchsanleitung nichts anderes vorsieht.

*Anzug*
Anzug nach dem Tauchen mit Süßwasser spülen, im Schatten auf einem Spezialbügel in einem kühlen, trockenen und dunklen Raum innen und außen trocknen und ihn dann leicht zusammengelegt in der Transporttasche lagern. Der Reißverschluss bleibt dabei offen. Der Anzug kann auch, vor allem, wenn man stark darin geschwitzt hat, innen mit Seifenwasser ausgewaschen werden. Vor dem Einlagern gut trocknen und die Manschetten mit Talkum einreiben.

*Reparatur*
Alle größeren Reparaturen wie z.B. Auswechseln der Manschetten und des Reißverschlusses, Wartung der Ein- und Auslassventile usw. sollten dem autorisierten Fachhändler vorbehalten bleiben.
Im Gegensatz zu einem normalen Nasstauchanzug, bei dem ein Loch zwar unangenehm ist, die Funktion aber nicht behindert, fällt ein perforierter Trockentauchanzug aus. Eingeblasene Tarierluft würde entweichen und Wasser eindringen, wodurch zumindest ein Teil des Auftriebes und der Isolation verloren geht.
Aus diesem Grund wollen wir auf dieses Thema stärker eingehen.
Unterschieden werden muss dabei, um was für ein Material es sich bei dem Trockentauchanzug handelt und welche Art Beschädigung vorliegt.

*Neopren-Trockentauchanzug*
*Riss:* Kleben mit Neoprenkleber.
*Loch:* Loch rund ausschneiden oder mit Locheisen ausstanzen. Gleich großen, runden Flicken ausschneiden oder mit Locheisen ausschlagen und mit Neoprenkleber einkleben.
*Naht:* Wenn möglich, nachkleben und nähen lassen. Bei beschädigter Umgebung kann die defekte Stelle auch mit Aquasure überdeckt werden. Bei einer nachträglichen, fachmännischen Reparatur muss dann aber das ganze defekte Stück herausgeschnitten werden, da sich das Aquasure nicht mehr entfernen lässt. Im Bereich der mit Aquasure zu klebenden Naht wird die Kaschierung mit dem Lötkolben um die Fehlerstelle herum durchschmolzen, der Kleber der Kaschierung mit COTOL (giftig!) angelöst und dann das freigeschmolzene Stück der Kaschierung abgezogen. Jetzt kann die Stelle mit Aquasure überdeckt werden.
*Oberfläche beschädigt:* Beschädigte Stelle mit Aquasure überdecken, evtl. vorher Kaschierung an dieser Stelle entfernen.

*Membrantrockentauchanzug*
Auch hier ist zu unterscheiden, um welches Material es sich handelt!

*Gummiertes Gewebe:* Anzüge dieser Art werden geflickt wie ein Fahrradschlauch, auch mit den gleichen Mitteln – Gummilösung und Flicken! Flickstelle gut trocknen lassen, mit Alkohol entfetten und mit Sandpapier aufrauen. Flickstelle gut ablüften lassen.
*Beschichtetes Nylon:* Löcher, Risse und defekte Nähte können kurzfristig von innen und außen mit Klebeband gedichtet werden. Auch eine Überdeckung mit Aquasure ist möglich, hier gilt aber das Gleiche wie oben, dieser Kleber lässt sich nicht mehr entfernen. Der Fachmann klebt Defekte hier mit Heißklebeband.
*Manschetten:* Neopren-Manschetten lassen sich kleben wie Neopren.
Latex-Manschetten müssen ausgewechselt werden. Provisorische Reparatur durch Aufkleben eines Latex-Flickens mit Gummilösung möglich. Material vorher gut mit Sandpapier aufrauen.

## Praxis

*Anprobe, Anpassung*

Beschrieben wird hier das Anprobieren eines Membrantauchanzuges mit Latex-Manschetten und einem langen Rückenreißverschluss („Mobby", Fa. Balzer). Bei Anzügen anderer Bauform ist entsprechend zu verfahren.
Der Anzug sollte beim Kauf mit dem stärksten Unterzieher anprobiert werden. Der Reißverschluss ist vor dem ersten Gebrauch mit dem Wachsstift zu schmieren. Vor dem kompletten Anziehen schlüpft man mit dem Kopf durch die Halsmanschette, um so leichter die Passform feststellen zu können. Ebenso wird mit den Armmanschetten verfahren, indem man mit den Armen in die Ärmel schlüpft. Alle Manschetten vorher gut mit Talkum einreiben, was das Durchschlüpfen erleichtert. Latex-Halsmanschetten sind für die schlanksten Hälse ausgelegt und müssen jeweils angepasst werden:
Halsumfang messen und zwei Zentimeter abziehen (hier differieren die Angaben der einzelnen Hersteller, daher unbedingt die Gebrauchsanleitung beachten!).
Maß übertragen und mit scharfer Schere zwischen den Markierungsrillen abschneiden. Es dürfen keine Ecken eingeschnitten werden, da diese dann eine Kerbwirkung haben, an dieser Stelle wird die Manschette dann unter Zug zuerst einreißen. Wenn möglich, Manschetten mit entsprechenden Rundkörpern einige Tage vordehnen, dadurch erübrigt sich unter Umständen das Abschneiden. Zu viel abgeschnitten? – Neue Manschetten!
Für den Einstieg in den Anzug sollte man sich anlehnen. Der Anzug wird bis zur Hüfte hochgezogen. Bevor man in die Arme schlüpft, müssen Uhr und sonstiger Armschmuck abgelegt werden, der sonst die Manschetten zerstören könnte. Das Gleiche gilt natürlich auch für Halskettchen und Ohrringe, auch spitze Fingernägel haben die gleiche Wirkung! Daumen in die Daumenschlaufen des Unterziehers stecken, bis die Hände dann innen an die Armmanschetten anstoßen, dann abstreifen. Sind die Arme im Anzug fixiert, mit glatt auf der Haut liegenden Armmanschetten, wird die Halsmanschette mit beiden Händen so tief wie möglich gefasst. Man spreizt die Manschette so

weit es geht und schlüpft mit dem Kopf durch. Die Halsmanschette muss auf der Haut glatt und faltenlos aufliegen. Es dürfen keine Haare, Halskettchen oder Teile des Unterziehers unter die Manschetten geraten. Sie wird bei diesem Anzug nicht umgeschlagen. Falls eine separate Kopfhaube benutzt wird, wird diese natürlich im Halsbereich über die Halsmanschette gezogen. Der Reißverschluss sollte vom Tauchpartner geschlossen werden, indem dieser ihn mit untergelegtem Finger zuzieht. So wird verhindert, dass sich Teile des Unterziehmateriales mit einklemmen und den Reißverschluss zerstören.

In die Hocke gehen und die gesamte Luft aus dem Anzug über das Auslassventil oder die Halsmanschette entfernen. Der Anzug darf in gehockter Stellung nicht spannen, die Arme müssen sich bequem vor der Brust verschränken lassen.

Das vollständige Entfernen der im Anzug eingeschlossenen Luft ist besonders wichtig, wenn z.B. von der Bordkante eines Bootes ins Wasser gesprungen werden muss. Wäre dann der Anzug noch mit Luft gefüllt, würde diese beim Aufprall auf das Wasser schlagartig nach oben gepresst und den Kopf des Tauchers nach hinten schlagen!

*Tauchgangvorbereitung*

Vor dem Anziehen des Anzuges ist die gesamte Technik zu montieren und sorgfältig zu überprüfen. Die für die Übungen empfohlene Boje ist zu setzen. Ablauf der Übungen, Tauchtiefe und Tauchzeit werden festgelegt, ebenso das Verhalten im Notfall, bei Partnerverlust, bei Vereisung des Atemreglers usw. und evtl. eingesetzte UW-Sonderzeichen.

Zu berücksichtigen ist, dass mit einem erhöhten Luftverbrauch zu rechnen ist. Ursache dafür ist einmal die beim Trockentauchen benötigte Tarierluft, mehr jedoch das erhöhte Atemminutenvolumen durch die Übungen und die fehlende Routine.

Jetzt wird der Trockentauchanzug angezogen, ebenso das Jacket mit dem Drucklufttauchgerät, Instrumente, Messer, Schnorchel und der Bleigurt. Vorsicht dabei beim Anlegen des Gerätes, damit man sich nicht mit der Bänderung das Auslassventil abreißt! Inflator am Jacket und am Anzug ankoppeln und sofort durch kurzes Einblasen von Luft prüfen. Zur Sicherheit sollte man sich noch 2 bis 4 kg Blei am Ufer deponieren, falls die geplante Bleimenge nicht ausreicht.

Direkt am Wasser werden Flossen, Maske und Handschuhe angelegt. Der abschließende Check vor dem Tauchgang ist sehr wichtig. Die Tauchpartner, von denen nur einer von beiden Beginner im Trockentauchen sein darf, checken gegenseitig alle Ausrüstungsgegenstände durch und kontrollieren den Luftvorrat. So lernt jeder Taucher die Ausrüstung seines Partners kennen, um im Notfall schnell Hilfestellung geben zu können.

Bekannt sein muss z.B. Inflator des Anzuges und des Jackets, Oktopus, Finimeter, Bleigurtverschluss, Auslassventil am Anzug und am Jacket, Computer usw. Wie immer bestimmt der Schwächste den Ablauf des Tauchgangs. Ist ein Taucher mit Nasstauchanzug dabei, bestimmt er z.B. das Ende des Tauchgangs, da er vermutlich zuerst friert. Der Nasstaucher dagegen muss die bei einigen Trockentauchanzügen eingeschränkte Bewegungsfreiheit seines Tauchpartners berücksichtigen.

*Erster Tauchgang*

Bei den ersten Tauchgängen sollte man sich einen festen und nur leicht abfallenden Untergrund aussuchen. Man geht bis zum Hals ins Wasser und lässt etwas Luft über den Inflator in den Anzug, damit die Manschetten dichten. Das Jacket wird nicht benutzt, es bleibt luftleer! So bekommt man das erste Gefühl für den Innendruck und die Schwimmlage im Wasser. In diesem Zustand darf man nicht absinken.

Nun geht man wie folgt vor:

Das Auslassventil am linken Oberarm wird gegen den Uhrzeigersinn (nach links) ganz geöffnet, sodass Luft aus dem Anzug entweichen kann.

In eingeatmetem Zustand, ohne Bodenkontakt, schwebend, ohne Flossenschlag, muss jetzt der Wasserspiegel zwischen Augen und Nase stehen, dann ist man richtig tariert. Sinkt der Taucher trotz Einatmung ab, muss das Blei reduziert werden, steht der Wasserspiegel unterhalb der Nase, muss Blei ergänzt werden.

Der Taucher atmet langsam aus und sinkt fußwärts ab. Er beginnt erst in etwa zwei Meter Tiefe leicht einzuatmen. Das Auslassventil wird im Uhrzeigersinn (nach rechts) ein bis zwei Rasten zugedreht. Die nun geringe Luftmenge im Anzug bildet ein komfortables Luftpolster. Die Körperlage ist immer noch aufrecht, Kopf oben, Beine unten.

Der Taucher lässt sich weiter absinken und merkt dabei die Volumenreduzierung durch den zunehmenden leichten Druck vor allem im Beinbereich.

Der Druck im Anzug stellt sich ja bei exakt eingestelltem Auslassventil immer in etwa auf einen Wert ein, der dem Umgebungsdruck einige Zentimeter über der Lage des Auslassventils entspricht. Unterhalb dieser Linie besteht ein Unterdruck im Anzug, über dieser Linie ein Überdruck. Besonders groß sind die Druckdifferenzen, wenn der Taucher in senkrechter Lage ist.

In stehender Haltung beträgt der Unterdruck im Beinbereich etwa 0,15 bar (entspricht 1,5 m Tiefendifferenz). Der Taucher merkt es daran, dass der Anzug verstärkt an die Beine gepresst wird. Dieser äußere Druck muss vom Unterziehmaterial aufgenommen werden, das sich dabei aber nicht zu stark zusammenpressen darf, um noch eine ausreichende Wärmeisolierung zu gewährleisten.

In der Lage mit dem Kopf nach unten ist dann in den Beinen ein entsprechender Überdruck, der Unterdruck ist jetzt im Halsbereich. Bei umgeschlagenen Neopren-Halsmanschetten kann es dann zu leichten Undichtigkeiten kommen, da dabei die sonst die Dichtwirkung unterstützende, luftgefüllte Tasche zusammengepresst wird.

Spüren wir beim Absinken den zunehmenden Druck auf die Beine, lassen wir über den Inflator etwas Luft in den Anzug, bis wir in den Schwebezustand kommen.Tauchen wir langsam höher, so entweicht die sich ausdehnende, überschüssige Luft aus dem exakt eingestellten Auslassventil.

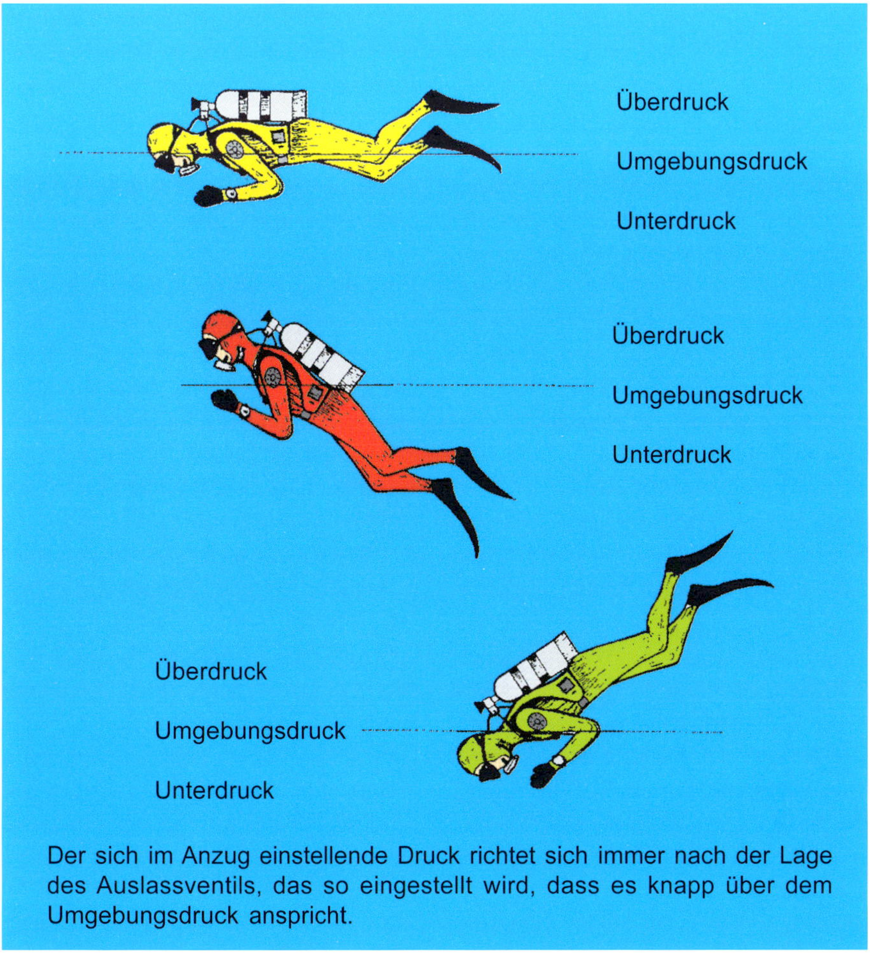


*Druckverhältnisse.*

Sehr schnell ist so der Taucher mit dem Anzug vertraut und fühlt sich warm, wohl und trocken.
Dies sollte allerdings keine Selbstüberschätzung hervorrufen, da wichtige Übungen noch folgen.
Das Tauchen mit einem Trockentauchanzug aus Neopren ist beim Aufstieg etwas schwieriger, da sich nicht nur das Volumen der Luft im Anzug ausdehnt, sondern auch das Material selbst. Dies macht sich vor allem bei einem schnelleren Aufstieg bemerkbar, sodass dann vielleicht auch mal der Schnellablassknopf am Auslassventil betätigt werden muss!

*Weitere Tauchgänge und Übungen*
Nachdem der Taucher mit dem Anzug vertrauter ist, sucht er etwas größere Tiefen auf (10-15 m) und taucht zur Übung in verschiedenen Profilen auf

und ab. Zur Verhinderung der übermäßigen Stickstoffsättigung durch diese Yo-Yo-Profile darf man aber beim Aufstieg nie die Oberfläche erreichen bzw. durchbrechen. Der Taucher sollte bei etwa 5 m Tiefe zum Stehen kommen.
In fortgeschrittenem Stadium muss der Taucher diese Aufstiegsübungen mit der vorgeschriebenen Aufstiegsgeschwindigkeit und ohne Flossenbenutzung beherrschen. Bei allen Übungen ist eine Schräglage von etwa 30 bis 45 Grad angebracht, um genügend Körperkontrolle zu bekommen.
Beim Auftauchen bestimmt die Einstellung des Auslassventils die Aufstiegsgeschwindigkeit. Bei exakter Einstellung und einer waagerechten Oberarmstellung steigt der Taucher mit etwa 12 m pro Minute auf. Wird der Oberarm nach oben gehalten, entweicht mehr Luft und der Aufstieg wird gestoppt. Hält der Taucher den Oberarm nach unten, bleibt mehr Luft im Anzug, der Aufstieg wird schneller. Wird er zu schnell, so hält er den Arm nach oben und kann zusätzlich durch Druck auf die Schraubkappe am Auslassventil den Schnellablass betätigen. Dies sollte aber nur eine „Notbremse“ sein!

*Kopfstand – Wende – Aufstieg*

Diese wichtige Übung sollte nach einiger Sicherheit mit dem Trockentauchanzug gemacht werden, um die anderen Verhältnisse im Gegensatz zum Nasstauchanzug kennen zu lernen. Da sich bei einem „Kopfstand“ die Druckverhältnisse ändern, versucht die freie Luft im Anzug in den Fußbereich zu strömen und erzeugt dort den Auftrieb. Gerade bei den dehnfähigen Trockentauchanzügen aus Neopren kann es dabei zu einem starken Aufblähen des Fußbereiches kommen. Aus diesem Grund ist es auch wichtig, dass Fersenbandstopper an den Füßlingen vorhanden sind, damit dabei nicht die Fersenbänder der Flossen von den Füßlingen springen.
Ein weiteres Problem dabei ist, dass das Auslassventil in dieser Lage nicht mehr wirkt, da es unten liegt. Der Taucher muss in der Lage sein, diese Situation zu meistern und wieder in die normale Schwimmlage kommen. Das geht am schnellsten durch Anhocken der Beine und einer halben Rolle.
Als Vorübung taucht man in verschiedenen Körperlagen. Zunächst versucht man auf der Seite zu tauchen und zu tarieren, dann in der Rückenlage und nach einiger Sicherheit macht man die Rolle ohne Armbewegungen.

*Simulierter Dekostopp*

Eine wichtige Übung ist der simulierte Dekostopp. Der Taucher macht einen Aufstieg und legt bei 6 m und 3 m jeweils einen Dekostopp von 3 Minuten ein. Dies sollte ohne Bojenleine und ohne Flossenbenutzung erfolgen!

*Notstopp (Schnellstopp) mit dem Trockentauchanzug*

Es können Notsituationen auftreten, die der Taucher durch vorheriges Üben und angepasste Technik zu beherrschen lernt. Dazu gehören z.B. ein Vereisen oder Verklemmen des Einlassventils, sodass ununterbrochen Luft in den Anzug strömt, oder ein Blockieren des Auslassventils, sodass die Luft im Anzug nicht mehr entweichen kann.

Der dann nötige Schnellstopp kann folgendermaßen erfolgen:
*Luftablass über die Halsmanschette,* wenn diese nicht umgeschlagen ist und nicht zu eng sitzt. Der Taucher lässt sich aus der normalen Tauchlage leicht nach hinten fallen, überstreckt den Kopf und verschränkt mit Druck auf den Brustkorb die Arme. So entsteht ein erhöhter Druck, der die Luft in einem Schwall aus der Halsmanschette presst. Bei einiger Übung befindet sich der Taucher innerhalb kürzester Zeit wieder im Schwebezustand. Strömt weiter Luft aus dem Einlassventil in den Anzug, so muss sofort der Inflatorschlauch am Einlassventil abgekoppelt werden. Dieser Handgriff muss öfter geübt werden und ist nur möglich, wenn die technischen Voraussetzungen gegeben sind und die Bewegungsfreiheit der Handschuhe gewährleistet ist. War die Vereisung Ursache des Defektes, kann nach etwa 1 bis 2 Minuten der Inflatorschlauch wieder angekoppelt werden, da dann das Eis geschmolzen ist.
*Luftablass über die Armmanschetten:* Anzüge mit umgeschlagener Halsmanschette können den Notstopp über diese Manschette nicht durchführen, da sie dabei umschlägt, zu viel Luft entweicht und Wasser in den Anzug läuft. Bei solchen Anzügen kann der Notstopp nur über ein groß dimensioniertes Ventil oder über die Armmanschetten durchgeführt werden. Die Armmanschette muss dazu aber über der Handschuhmanschette abdichten. Ein Arm wird hochgehalten, der Körper gestreckt und die Muskeln an der Hand so angespannt, dass die Sehnen am Handgelenk hervortreten. Über diese Kanäle kann dann die Luft entweichen.
*Schwimmen an der Wasseroberfläche:* Hierzu wird die Luft so weit wie möglich aus dem Anzug gelassen. Der nötige Auftrieb und die stabile Schwimmlage wird durch ein teilweises Aufblasen des Jackets erreicht. So wird auch bei einem evtl. Notfall der Partner an der Oberfläche transportiert.

## Mögliche Probleme

*Instabile Schwimmlage*
Wie im vorherigen Kapitel beschrieben, kann es bei einigen Anzugstypen sowie bei Anzügen mit zu großem Fußbereich zu einer Verlagerung der im Anzug befindlichen Luft in diesen Bereich kommen, wodurch die Schwimmlage empfindlich gestört wird. Auf diesen Zusammenhang sollte man schon beim Kauf des Anzuges achten.
Teilweise kann man den evtl. Auftrieb der Beine durch kleine Fußgewichte ausgleichen. Auch die Verwendung schwererer Gummiflossen kann helfen. Auch ein auf dem glatten Anzugmaterial verrutschender Bleigurt kann eine instabile Schwimmlage verursachen. Hier könnten Gurte aus Neopren helfen, in deren Taschen dann die einzelnen Gewichte gesteckt werden.

*Lecks, Flutung, Auftriebsverlust*
Feucht ist ein Trockentauchanzug innen nach fast jedem Tauchgang, da sich die vom Körper abgegebene Feuchtigkeit wieder an der kältesten Stelle, also der Innenseite des außen vom Wasser gekühlten Anzuges niederschlägt. Auch aus diesem Grunde sollte der Anzug hin und wieder innen ausgewaschen und

immer mit offenem Reißverschluss gelagert werden, soll er nicht zu einem Bakterien- und Pilzrasen werden. Weitere Feuchtigkeitsherde sind die Manschetten, vor allem, wenn sie zu weit sind, schlecht aufliegen oder die Dichtigkeit durch kräftige Körperbehaarung und stark hervortretenden Sehnen beeinträchtigt wird.
Besonders sorgfältig muss der Reißverschluss behandelt werden, gehört er doch zu den teuersten Teilen des Anzuges. Neben der regelmäßigen Pflege mit dem Wachsstift muss beim Schließen sehr darauf geachtet werden, dass nicht Teile des Unterziehmaterials mit eingeklemmt werden. Der letzte Zentimeter muss mit etwas Kraft geschlossen werden, da hier schon der kleinste Spalt ausreicht, Wasser eindringen zu lassen. Auch Ein- und Auslassventile können Feuchtigkeit durchlassen, wenn sie nicht richtig eingeschraubt bzw. schlecht gedichtet sind. Alle diese Feuchtequellen sind zwar unangenehm, beeinträchtigen aber direkt die Sicherheit kaum.
Problematischer sind Löcher oder gar Risse im Anzugmaterial, die zu einem Fluten des Anzuges führen können. Neben der plötzlichen, unangenehmen Kälte geht auch noch zumindest ein Teil des Auftriebes verloren, was zu einem immer schnelleren Absinken des Tauchers führen kann. Auch zusätzlich eingeblasene Luft hilft nicht in jedem Fall, das hängt davon ab, ob das Loch bzw. der Riss oben oder unten ist. In solch einem Fall sollte zum weiteren Tarieren das Jacket verwendet und der Tauchgang unter Einhaltung aller Sicherheitsregeln beendet werden.
Nur im äußersten Notfall (z.B. Fehlen eines Jackets) wird der Bleigurt abgeworfen; evtl. notwendige Dekopausen sind dann aber nur noch möglich, wenn man sich irgendwo festhalten kann.

*Hochschießen*

Bei einem schweren Tarierfehler, blockierten Ein- und Auslassventilen oder Verlust des Bleigurtes kann es zu einem immer schnelleren Aufstieg des Tauchers kommen. Er kommt dabei zwar zur rettenden Oberfläche, riskiert aber unter ungünstigen Bedingungen einen Lungenriss, einen Dekounfall oder eine Kopfverletzung, wenn die Aufstiegsstelle nicht frei war. In solch einem Fall sofort voll ausatmen, schon dadurch entfällt ein Teil des Auftriebes und die Gefahr des Lungenrisses. Vom Instinkt her reagiert der Mensch falsch, im Falle des Schreckens atmet er ein!
Weitere Maßnahmen:
Anheben des linken Armes mit dem Auslassventil, Druck auf den Schnellablass bzw. Luftablass über die Manschetten. Ist alle Luft aus dem Anzug entfernt und trotzdem noch Auftrieb vorhanden (z.B. bei Verlust des Bleigurtes), Körper waagerecht legen, das bremst den Auftrieb auch noch.
Diese ganzen Maßnahmen helfen nur, wenn sie immer wieder geübt werden. Da das die wenigsten Taucher machen, bleibt viel Theorie, im Notfall reagieren sie falsch oder zu spät und schießen wie ein Korken zur Oberfläche, wo sie bis zum Bauch aus dem Wasser springen! Wenigstens an das Ausatmen sollte man aber denken!!

*Vereisung*

Wie weiter vorne schon ausgeführt, muss der Atemregler kaltwassertauglich gemäß der Euronorm EN 250 sein. Das bedeutet, dass der Atemregler auch bei Temperaturen von +4° C in 50 m Tiefe und bei einem Atemminutenvolumen von 62,5 l/min noch einwandfrei arbeiten muss. Da die Ursachen für Vereisungen äußerst vielseitig sind, ist aber auch bei so geprüften Atemreglern nicht sichergestellt, dass sie nie vereisen.

Ein vereisender Atemregler beginnt unkontrolliert abzublasen, wodurch die Luft immer stärker abkühlt und die Flasche schnell leer wird. Ursache ist die Abkühlung der sich an einer Drosselstelle entspannenden Luft (nach dem Joule-Thomson-Effekt). Die genauen Abläufe und die Vorsichtsmaßnahmen können beim Sonderbrevet Eistauchen nachgelesen werden.

Wichtigste Maßnahme ist die Verwendung eines zweiten Atemreglers an einem doppelt absperrbaren Ventil. Wichtig ist, dass der Partner im Vereisungsfall das richtige Ventil schließt. Bei zwei getrennten Atemreglern wird aus einem geatmet, aus dem zweiten aber tariert, so ist die Luftentnahme und damit die Abkühlung auf zwei Atemregler verteilt. Wird der benutzte Atemregler dann wegen Vereisung geschlossen, kann über den zweiten geatmet und auch tariert werden.

Über eine mögliche Vereisung des Einlassventils am Trockentauchanzug und die zu ergreifenden Maßnahmen wurde schon gesprochen.

*Überhitzung*

Haupteinsatzgebiet eines Trockentauchanzugs ist die kalte Jahreszeit. Er hat aber auch im Sommer seine Berechtigung, wenn in Tiefen getaucht wird, in denen die Wassertemperatur nie über 10° C ansteigt. Eine Tortur bei hohen Außentemperaturen kann dann aber das Anziehen werden.

Beim normalen Nasstauchanzug kann man sich ja behelfen, indem man kurz in der Badehose ins Wasser springt, um sich abzukühlen, oder man zieht den Anzug gleich im Wasser an. Bei der Verwendung eines Trockentauchanzugs geht das leider nicht. Um dann eine Überhitzung zu vermeiden sollten einige Regeln eingehalten werden:

- einen der zu erwartenden Wassertemperatur angepassten Unterzieher wählen
- die gesamte übrige Technik montieren und griffbereit in der richtigen Reihenfolge bereitlegen
- Tauchgangsabsprache vor dem Umziehen
- wenn möglich, kurz mit Badehose zur Abkühlung schwimmen. Zum anschließenden Tauchen trockene Badehose verwenden
- Reißverschluss und Kopfhaube erst ganz zum Schluss schließen bzw. aufsetzen
- Handschuhe erst im Wasser stehend anziehen und Gesicht gut abkühlen

Liegt zwischen Parkplatz und Wasser eine längere, evtl. noch unbequeme oder anstrengende Wegstrecke, sollte die gesamte Ausrüstung erst ans Wasser getragen werden, bevor man sich anzieht.

Eine Überhitzung kann lebensgefährlich sein, die Beachtung der Sicherheit ist hier ebenso wichtig wie beim Tauchen!

## Beendigung des Tauchgangs

Auch der schönste Tauchgang geht einmal zu Ende. Wenn er auch nicht dekopflichtig war, so sollte doch wie üblich ein Sicherheitsstopp von 3 Minuten in 3 bis 5 Meter Tiefe eingelegt werden. Am Ufer prüfen, ob eventuell durch eine Grundberührung der Anzug außen verschmutzt ist. Nass lässt sich dieser Schmutz leichter abwaschen, als wenn er erst angetrocknet ist. Flossen und Brille ablegen. Vor dem Ablegen des Tauchgerätes müssen die Inflatorkupplungen von Anzug und Jacket getrennt werden. Ist es kalt, wird zuerst die ganze Technik versorgt, im Sommer wird der Taucher allerdings erst versuchen, aus dem Anzug zu kommen, um eine Überhitzung zu vermeiden.

Reißverschlüsse dazu vollständig öffnen. Eventuell vorhandene Begurtungen und Fußriemen öffnen. Halsmanschette greifen und aufweiten, ohne sie aber mit spitzen Fingernägeln zu beschädigen, und Kopf nach unten herausziehen. Rechten und linken Arm aus den Armmanschetten ziehen und den Anzug ausziehen und versorgen.

Wichtig vor allem bei den ersten Tauchversuchen mit einem Trockentauchanzug ist die abschließende Tauchgangsbesprechung.

- Wo gab es Probleme, wie war die Tarierung, welche Fehler wurden gemacht – nur aus der Besprechung vieler Einzelheiten lernt man und bekommt Sicherheit!
- Suche nach möglichen Leckstellen und Fehlerursachen.
- Ausfüllen des Logbuches. Hier geht es nicht darum, wieder einen Tauchgang eintragen zu können, sondern um das Notieren wichtiger Einzelheiten wie Art des Unterziehers und der damit verbundenen Bleimenge bzw. evtl. beim nächsten Tauchgang nötige Änderungen.

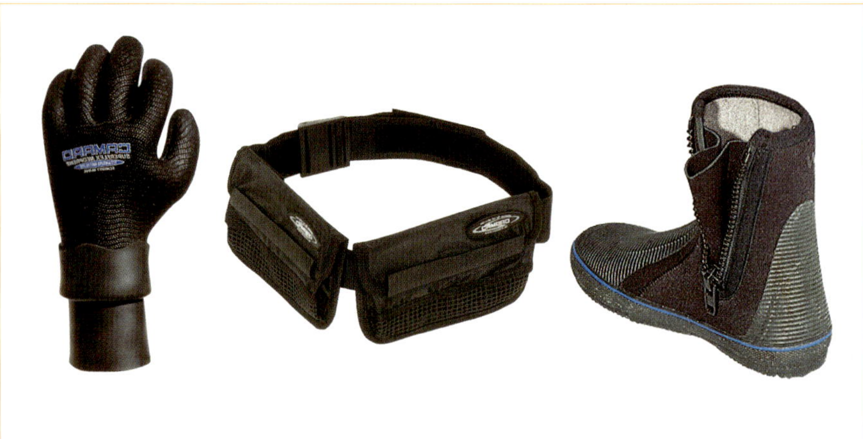

*Trockentauch-Accessoires: Handschuhe, Bleigurt, Stiefel.*

# Fragen zu Trockentauchen

Die folgenden Fragen sollen in Gruppenarbeit am Ende des Kurses zusammen beantwortet werden, wobei dieses Buch mit verwendet werden darf.

1. Was ist der Unterschied zwischen einem Membran-(Gewebe-) und einem Neopren-Trockentauchanzug?

2. Was bedeutet die Bezeichnung „Konstantvolumenanzug"?

3. Welche Unterziehwäsche ist bei einem Trockentauchanzug
   a) geeignet
   b) nicht geeignet

4. Wo soll das Einlassventil sitzen und warum an dieser Stelle?

5. Wo soll das Auslassventil sitzen und warum an dieser Stelle?

6 Warum muss beim Trockentauchen auf jeden Fall mit Weste oder Jacket getaucht werden?

7. Welche wichtigen Unterschiede sind zwischen Nass- und Trockentauchen zu berücksichtigen
   a) über Wasser
   b) unter Wasser

8. Welche Arten von Manschetten gibt es?

9. Wie tariert man sich beim Trockentauchen richtig aus?

10. Worin besteht der Unterschied beim Tarieren zwischen einem Membran- und einem Neopren-Trockentauchanzug?

11. Wie verhalte ich mich als Trockentaucher bei einem Tauchgang mit einem Nasstaucher?

12. Welche Pflege braucht der Trockentauchanzug?

13. Wie verhalte ich mich, wenn
    a) das Einlassventil klemmt oder vereist?
    b) das Auslassventil nicht öffnet?

Helmtaucher etwa um 1870.

# Antworten zu Trockentauchen

1. Membrananzug: dünn, isoliert selbst nicht, gute Unterzieher erforderlich, kein Auftrieb, nur durch eingeblasene Luft.
   Neoprenanzug: isoliert selbst und bringt Auftrieb, macht den Taucher etwas unbeweglicher.

2. Das Volumen des Anzugs bleibt beim Abtauchen gleich. Erreicht wird das durch die eingeblasene Luft.

3. Unterziehmaterial, das Feuchte aufnimmt statt sie nach außen zu leiten (z.B.Wolle), ist nicht geeignet; durch Fusseln kann zudem das Auslassventil undicht werden. Thinsulate ist das günstigste Unterziehmaterial.

4. Auf der Brust, sodass es gut und schnell erreichbar und von keinem anderen Ausrüstungsteil verdeckt ist.

5. Oberhalb der Körpermitte, am Oberarm; so kann durch einfaches Heben des Armes Luft abgelassen werden, wenn das Ventil entsprechend eingestellt ist.

6. Eine zweite Auftriebseinrichtung bringt Sicherheit, vor allem, wenn der Anzug (speziell der Membrananzug) defekt ist und die Luft entweicht.

7. Überhitzung bei warmem Wetter über Wasser gilt für beide Anzüge; bei Trockentauchanzügen kann ich den Reißverschluss offen lassen. Unterkühlung unter Wasser mehr bei Nasstauchanzügen; der Taucher ist allerdings damit beweglicher und druckneutraler. Der Trockentaucher muss beim Aufstieg exakter tarieren um nicht aufzuschießen.

8. Latexmanschetten müssen nicht umgeschlagen werden.
   Neoprenmanschetten müssen meist umgeschlagen werden, es gilt Glatthautseite auf Haut.

9. Schwebend, waagerechte Körperhaltung; so viel Luft im Anzug, dass er nicht drückt.

10. Zur Isolierung und dass er nicht drückt bei Membrananzügen etwas mehr Luft im Anzug.

11. Der Nasstauchanzug bestimmt die Tauchdauer, der Trockentaucher das Tempo auch beim Ab- und Aufstieg.

12. Vor allem Pflege des Reißverschlusses und der Manschetten (Wachs, Talkum).

13. Einlassventil abkoppeln, Auslassventil ganz aufdrehen, Notentlüftung durch Arm- und Halsmanschette.

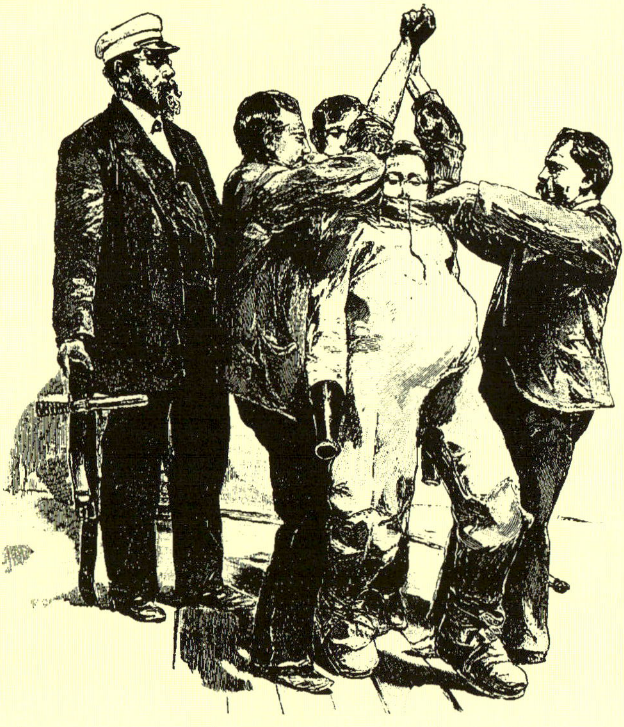

# Eistauchen

Das Erlebnis des Eistauchens liegt weniger in der Beobachtung des Lebens unter Wasser – das ist aus Umweltschutzgründen zu begrenzen –, sondern vielmehr im Erleben der neuen Situation des Tauchens unter dem Eis, ohne die Möglichkeit, direkt auftauchen zu können und der Erfahrung mit der Kälte. Das Ergebnis ist Spaß, Erfahrung und ein gesteigertes Selbstbewusstsein, eine perfekte Vorbereitung die Voraussetzung.

Gerade die Erfahrung ist hier hervorzuheben. Jeden Winter verunglücken Taucher unter dem Eis, weil sie die Regeln des Eistauchens ignoriert haben. In der Presse kann man dann immer lesen, dass es sich um erfahrene Taucher gehandelt hat. Erfahrung im Sinne des Wortes bedeutet aber, dass man jede mögliche Situation schon einmal erlebt und richtig gemeistert hat. Ein Taucher, der hundert Tauchgänge ohne Eis in seinem Hausgewässer absolviert hat und nun zum ersten Mal mit Eis konfrontiert wird, ist danach kein erfahrener Taucher. Er sollte aus der Erfahrung anderer Taucher lernen und zum Beispiel nie ohne Leinensicherung tauchen, auch wenn ein Teil des Gewässers eisfrei ist oder die Eisdecke so dünn erscheint, dass man sie jederzeit durchbrechen kann.
Obwohl diese Regeln bereits seit Jahrzehnten gelten, ist es wohl so, dass jede neue Tauchergeneration die Erfahrungen selbst machen muss – einschließlich der bitteren Erkenntnisse!

## Hier noch eine Anmerkung:

Das Eistauchen fällt in die Winterruhe der Natur und ist ökologisch bedenklich, aus diesem Grunde wird es von den großen Verbänden nicht als Sonderbrevet anerkannt. Trotzdem wollen wir es hier behandeln, auch um über die Sicherheit und die ökologischen Bedenken zu informieren.

## Physikalische Aspekte des Eistauchens

Wasser hat eine besondere physikalische Eigenschaft, die das Leben auf der Erde erst möglich macht.
Im Gegensatz zu anderen Stoffen hat es seine größte Dichte bei einer Temperatur von + 4 °C (Süßwasser). Unterhalb und oberhalb dieser Temperatur dehnt es sich wieder aus und wird leichter. In der Physik wird das auch als die Anomalie des Wassers bezeichnet.
Im Sommer z.B. dringt das Sonnenlicht in das Wasser ein. Dessen roter Anteil wird zuerst absorbiert. Die Energie ist aber nicht verloren, sie wird in Wärme umgewandelt und erwärmt das Wasser an der Oberfläche, welches sich dadurch ausdehnt. Es wird so leichter und schwimmt auf dem darunter liegenden, kühleren Wasser. Unter 15 bis 20 Meter Tiefe herrscht meist nur noch eine

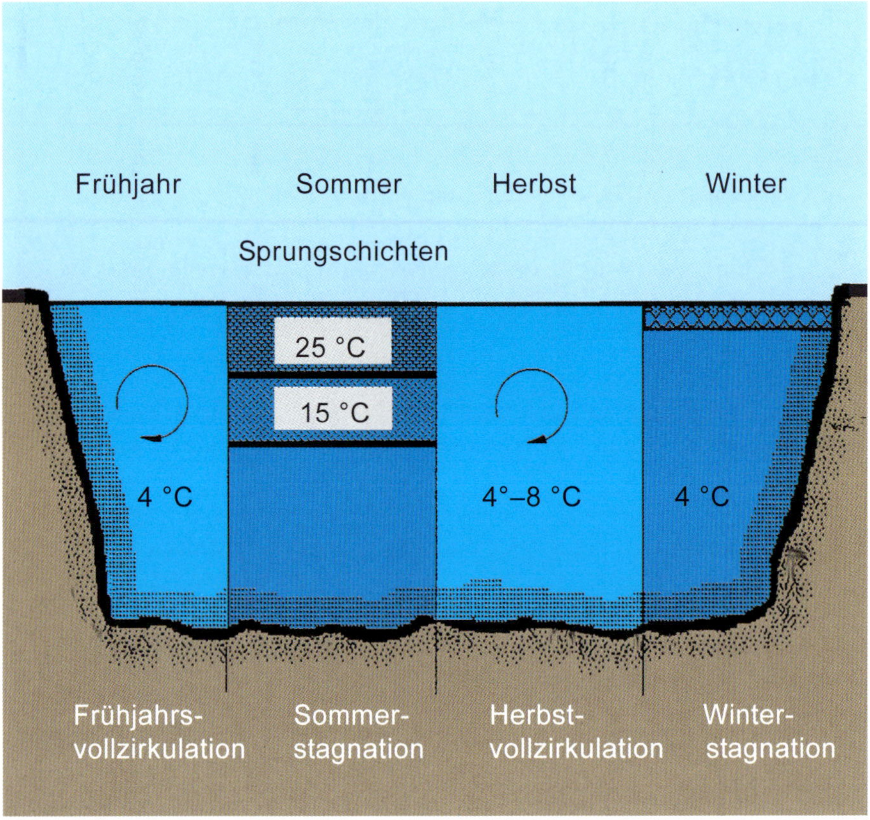


*Jahresübersicht für einen Süßwassersee.*

Temperatur von 6 bis 8 °C. Je höher die Oberflächentemperatur, umso größer sind die Dichteunterschiede, umso stabiler ist die Schichtung mit den zu beobachtenden Sprungschichten.

Im Hochsommer wirkt diese leichtere Warmwasserschicht wie ein fester Deckel, der das Tiefenwasser von der Sauerstoffaufnahme an der Oberfläche abschneidet. Diese fehlende Zirkulation ist eine große Gefahr, es droht Sauerstoffmangel in der Tiefe.

Im Herbst kühlt das Oberflächenwasser wieder ab. Hat es eine Temperatur erreicht, die etwas unterhalb der Temperatur des Tiefenwassers liegt, wird die Schichtung instabil, die Herbstzirkulation beginnt. So ist es auch zu erklären, dass sich eine vorher gute Unterwassersicht in wenigen Stunden total ändert.

Sinkt die Wassertemperatur unter 4 °C, beginnt wieder eine leichte Schichtung. Im Winter ist die Wassertemperatur nur wenige Dezimeter unter dem Eis meist + 4 °C, also kann ein Gewässer bei uns nur von der Oberfläche her gefrieren. Das zu Eis gefrorene Wasser vergrößert sein Volumen um knapp 9 % und schwimmt dadurch auf der Oberfläche.

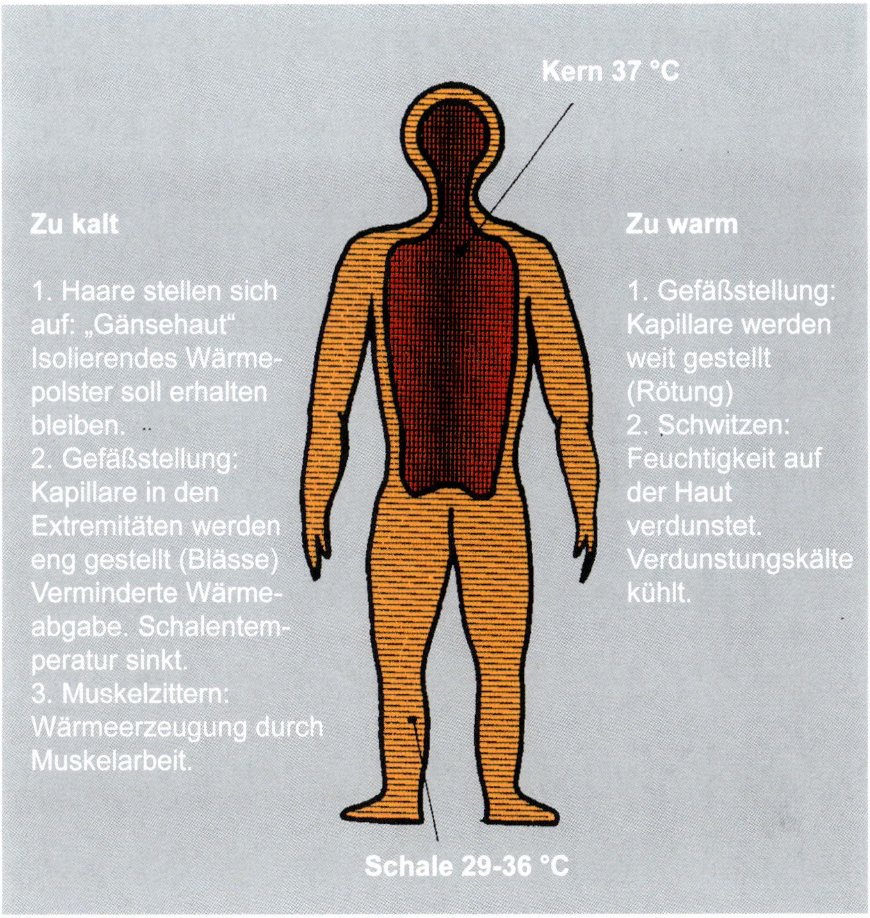


*Temperaturregelung.*

## Medizinische Aspekte des Eistauchens

Das Tauchen im Winter stellt an die Gesundheit hohe Anforderungen. Eine Abhärtung gegen die Kälte ist daher Vorbedingung. Trotz vieler Befürchtungen von Zuschauern ist allerdings die Gefahr von Erkältungskrankheiten bei den Tauchern bei etwas Abhärtung und vernünftigem, nicht übertriebenem Tauchgang gering. Der Mensch verfügt ja über ein Regelsystem, welches ihn auch Kälte und Hitze innerhalb gewisser Grenzen ertragen lässt – sonst wären wir schon ausgestorben.

Dazu gehören (siehe obige Abbildung):

– Aufstellung der Körperbehaarung (Gänsehaut), wodurch ein isolierendes Wärmepolster entstehen soll, bei unserer, im Laufe der Evolution zurückgebildeten Körperbehaarung mehr mit symbolischer Wirkung.

- Engstellung der kapillaren Blutgefäße in den Extremitäten (blasse Haut). Die weniger durchbluteten Bereiche geben auch weniger Wärme an die Umgebung ab, die Temperatur dieser Körperteile sinkt.
- Muskelzittern zur Erzeugung von Wärme.

Ziel dieser Abwehrmaßnahmen ist es, den Körperkern auf 37 °C zu halten.
Das gleiche Regelsystem wirkt natürlich auch bei Überhitzungsgefahr: Die kapillaren Blutgefäße werden weit gestellt (Rötung), und durch Flüssigkeitsabgabe (Schwitzen) mit der dadurch erzeugten Verdunstungskälte soll der Körper gekühlt werden.
Beim Eistauchen sollten die Kälteabwehrmaßnahmen des Körpers unterstützt werden!
Dazu gehört ein sehr guter Halbtrocken-, besser noch ein Trockentauchanzug.
Schon beim Umziehen darauf achten, dass der Körper nicht zu viel Wärme verliert (Zelt, Wohnmobil, geschlossener Raum).
Freiliegende Gesichtspartien durch eine zusätzliche Eisschutzhaube oder mindestens durch eine Vaselineschicht abdecken. Bei Halbtockentauchanzügen eventuell vor dem Tauchgang etwas warmes Wasser in Füßlinge und Handschuhe gießen.
Mit diesen Maßnahmen soll erreicht werden, dass die Abwehrphase des Körpers verlängert wird. In dieser Phase kann der Körper den erhöhten Wärmeverlust noch ausgleichen. Ist diese Phase beendet, ist es allerhöchste Zeit, auch den Tauchgang zu beenden und sich wieder aufzuwärmen.
In der darauf folgenden Erschöpfungsphase würde sonst die Körpertemperatur auch im Kern schon erheblich absinken, Teilnahmslosigkeit, Müdigkeit und Muskelerstarrung sind dabei die ersten Begleiterscheinungen.
Der bei Seeleuten, Tauchern und Skifahrern so beliebte Grog oder Jagertee wirkt dem Regelmechanismus des Körpers entgegen, da er die Kapillardurchblutung fördert, er ist also nur nach dem Tauchgang erlaubt, wenn von außen keine weitere Abkühlung droht und kein Auto mehr gesteuert werden muss.
Auch eine heiße Dusche oder der anschließende Saunabesuch kann gefährlich werden, weil sich im Gewebe gespeicherter Stickstoff schnell freisetzt. Wurden aber nur flache, kurze „Gauditauchgänge“ gemacht, ist diese Gefahr gering.

## Technische Aspekte

Eine Gefahr bei Tauchgängen in kaltem Wasser ist das Vereisen des Atemreglers. Diese kann bereits bei Wassertemperaturen unter 10 °C auftreten. In der Europanorm DIN EN 250 wurde daher eine zusätzliche Prüfung eingeführt, die Atemregler, die unterhalb dieser Temperaturen eingesetzt werden sollen, bestehen müssen. Diese Regler werden bei einem Überdruck entsprechend 50 Meter Tiefe 5 Minuten lang in 4 °C kaltem Wasser mit einem Atemminutenvolumen von 62,5 Liter beatmet. Die zulässigen Grenzwerte dürfen dabei nicht überschritten werden, dann sind diese Atemregler kaltwassertauglich, was aber auf keinen Fall eine Garantie für einwandfreie Funktion ist. Die Vereisungssicherheit hängt nur

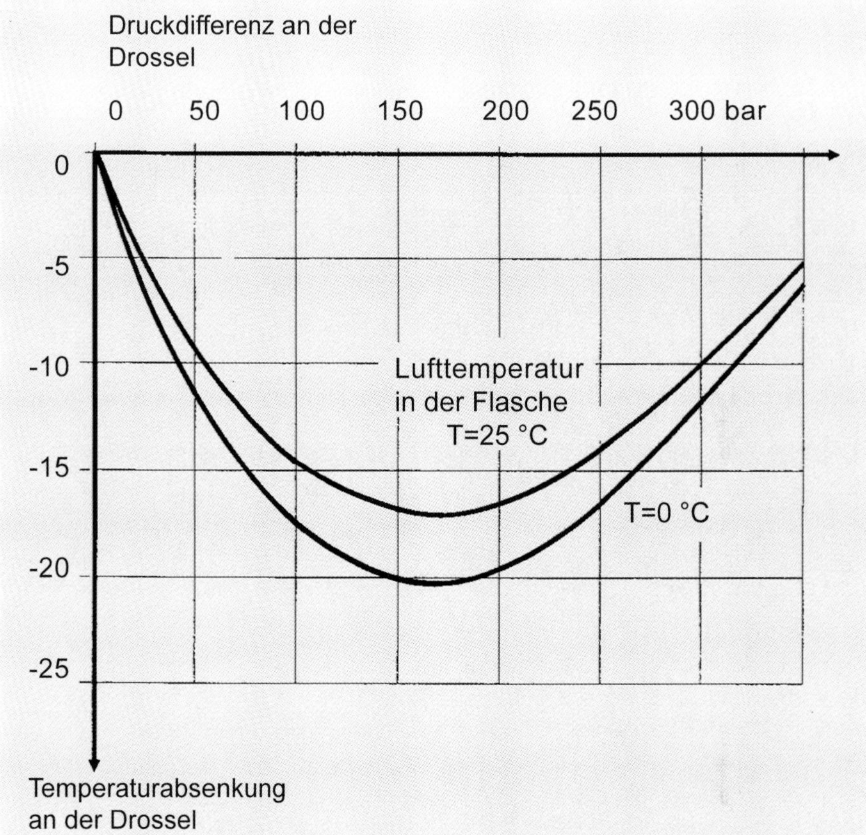


Änderung der Lufttemperatur bei der Entspannung im Druckminderer in Abhängigkeit vom Flaschendruck durch den Joule-Thomson-Effekt.

*Joule-Thomson-Effekt.*

zum Teil vom Atemregler ab, einen sehr großen Anteil hat auch die Reinheit der in der Druckluftflasche befindlichen Luft. Etwas zu feucht, und schon vereist auch der beste Atemregler!
Ursache ist der Joule-Thomson-Effekt, ein thermischer Effekt beim Entspannen von Gasen an einer Drossel. Dieser Effekt kann einen starken Temperaturabfall oder auch einen Anstieg zur Folge haben, je nach Gasart und Druck. Bei unserer Druckluft findet die größte Abkühlung bei einer Entspannungsdruckdifferenz von etwa 160 bar statt. Das wäre bei einem Flaschendruck von 170 bar am Druckminderer des Atemreglers (1. Stufe) der Fall. Der Temperaturabfall kann dabei über 20 °C an der Entspannungsstelle erreichen.
Entsprechend dem Bereich am Atem-

regler, an dem die Vereisung auftritt, unterscheidet man zwischen äußerer und innerer Vereisung.
Die äußere Vereisung tritt dort auf, wo die Kälte direkt auf wasserumspülte Metallteile wirken kann, wie es in der Wasserkammer bei kolbengesteuerten Druckminderern der Fall ist. Gefriert dort das Wasser, wird die Kolben- und Federbewegung blockiert und die Stufe schließt nicht mehr rechtzeitig. Die Folge ist ein Ansteigen des Mitteldruckes, bis die zweite Stufe aus Sicherheitsgründen abbläst (Downstream-Prinzip, Sicherheitsventil).
Ein Vereisungsschutz wäre hier beispielsweise eine Beschichtung der Feder, damit sich keine Eiskristalle festsetzen können, oder eine Füllung des Raumes mit Fett oder Öl und einer Abdichtung durch eine Gummikappe. Diese Abdichtung muss aber gewährleisten, dass der Außendruck beim Tauchen auf den Kolben oder die Membran wirken kann, damit sich der Mitteldruck immer entsprechend nachregelt.
Membrangesteuerte Stufen sind gegen diese Art der Vereisung etwas weniger anfällig, da zwischen dem Federstellraum und der Entspannungsstelle mehr Abstand ist und Wärme vom umgebenden Wasser die Abkühlung teilweise aufhebt.
Die innere Vereisung hat ihre Ursache in einem zu hohen Feuchtigkeitsgehalt der Luft aus der Druckluftflasche.
Diese Luft darf gemäß der DIN EN 12021 maximal 50 mg Wasser pro Kubikmeter enthalten, was etwa einem Tropfen Wasser in einer 10-l-Flasche entspricht!
Ist mehr Feuchtigkeit enthalten, kann diese kondensieren und gefrieren. Entweder werden dann die Sinterfilter in der Flasche oder im Eingang der ersten Stufe blockiert, oder es setzen sich Eiskristalle auf der Dichtfläche des Druckminderers ab. Dadurch steigt der Mitteldruck so weit, bis die zweite Stufe wieder abbläst.
Eine zu feuchte Flaschenluft kann mehrere Ursachen haben:
Totales Leeratmen der Flasche, falsches Überströmen, fehlende Trocknung nach der TÜV-Prüfung, nicht getrocknetes Ventil vor dem Füllen und überschrittene Filterstandzeit am Kompressor, wodurch die Nachtrocknung ausfällt.
Ein Vereisungsschutz, der sich in der Praxis sehr bewährt hat, ist der Einbau eines speziellen Sinterfilters aus geschäumten Polyurethan im Flaschenventil anstelle des normalen Wasserschutzröhrchens (Fa. AIRCON), er schützt vor der inneren Vereisung ebenso wie vor der Verschmutzung der Dichtungen der ersten Stufe durch Rost aus der Flasche.
Die oben beschriebenen Vereisungseffekte können auch bei Temperaturen über dem Gefrierpunkt auftreten. Problematisch ist auch die Vereisung des Atemreglers durch äußere Einflüsse bei Außentemperaturen unter dem Gefrierpunkt. Es genügt schon die feuchte Ausatemluft beim Atemreglercheck, um die Hebelsysteme zu blockieren. Daher muss bei diesen Temperaturen der Regler bis zum Abtauchen trocken gehalten werden, der Check soll nur mit der Luftdusche erfolgen.

Nach dem Tauchgang Reißverschlüsse sofort öffnen, sie könnten gefrieren, Gerät nicht am Boden abstellen, es könnte festfrieren, das gilt auch für die Berührung von Metallteilen (z.B. Geländer usw.).

## Vorsichtsmaßnahmen

- Nur kaltwassertaugliche, erprobte und gewartete Atemregler einsetzen. Flaschen nur mit nachgetrockneter Luft füllen, AIRCON-Sinterfilter am Ventil einsetzen lassen.
- Doppelte Luftversorgung bzw. doppelt absperrbares Ventil mit zwei getrennten Atemreglern verwenden.
- Luftverbrauch einschränken (geringe Tiefen, keine Übungen, keine Anstrengungen, Tarier- und Atemluft aus getrennten Stufen).
- Maßnahmen absprechen, was tun wenn...
- Innerlich auf solche Zwischenfälle vorbereiten.
- Wenn eine Vereisung auftritt, Ruhe bewahren, Partner verständigen, Atemregler wechseln, richtigen Ventilabgang schließen und nach etwa einer Minute wieder öffnen.
- Bei Temperaturen unter Null Gerät in warmer Umgebung montieren und bis zum Einsatz trocken halten. Nach dem Tauchgang sofort demontieren und alles versorgen.

## Vorbereitungen auf Eistauchgänge

Alle Teilnehmer müssen ausreichend Taucherfahrung haben, richtiges Ausrüsten und das Tarieren darf kein Thema mehr sein. Taucher mit Neigung zu Klaustrophobie (Angst vor geschlossenen Räumen) sind zum Eistauchen nicht geeignet. Ebenso sind die richtige Ausrüstung, eine gute körperliche Verfassung und etwas Abhärtung Voraussetzung. Das Tauchen mit Leinenführung unter erschwerten Bedingungen (z.B. mit abgeklebter Maske) kann auch im Bad geübt werden, wobei ein Taucher mittels Leinensignale zu einem bestimmten Ziel geführt werden soll.

Beim Eistauchen muss jeder Taucher seine Ausrüstung und die des Partners blind auch mit dicken Handschuhen bedienen können und die Leinensignale kennen.

## Wahl des richtigen Gewässers

Wie schon erwähnt, fällt das Eistauchen in die Winterruhe der Natur. Die Fische haben sich meist in größere Tiefen zurückgezogen und verharren dort in einer Art Winterschlaf. Bei dicker Eisfläche mit eventueller Schneebedeckung kann es durch den Abbau zerfallender Wasserpflanzen und des eingefallenen Laubs der umstehenden Bäume zu einem Sauerstoffmangel kommen. Stören wir die Fische, benötigen sie mehr Sauerstoff und können dadurch sterben.

Auch wenn wir mit den Flossen Schlamm aufwirbeln, kostet dies durch den verstärkten Abbau Sauerstoff, der dann dem Gewässer fehlt, daher gilt:

- Stark belastete oder relativ flache, verkrautete Fischgewässer dürfen nicht betaucht werden.
- Befestigte Zufahrten, Plätze und Ufer benutzen, keine Pflanzen- und Schilfgürtel zerstören.
- Einstiegloch so legen, dass kein Schlamm aufgewirbelt wird.

**Signale vom Taucher**

| | | |
|---|---|---|
| --- x --- | (1x kurz) | *Gefahr! Hole uns zurück!* |
| --- xxxx ---- | (4x kurz) | *Wir kommen zurück!* |
| --- xxxxx --- | (5x kurz) | *Alles o.k.!* |
| --- xxx-xxx-xxx --- | (je 3x kurz) | *Wir benötigen Hilfe!* |

**Signale von der Signalperson**

| | | |
|---|---|---|
| --- x --- | (1x kurz) | *Kommt sofort zurück!* |
| --- xx --- | (2x kurz) | *Richtung nach links!* |
| --- xxx --- | (3x kurz) | *Richtung nach rechts!* |
| --- xxxx --- | (4x kurz) | *Zurückkommen!* |
| --- xxxxx --- | (5x kurz) | *Alles o.k.! (?)* |
| --- xx---x--- | (2x kurz-Pause-1x kurz) | *Richtung vorwärts!* |
| --- xx---xx --- | (2x kurz-Pause-2x kurz) | *Richtung zurück!* |

Die Leinensignale können nur ausgetauscht werden, wenn die Leine immer unter leichtem Zug steht. Signale sollen sofort erwidert werden, sonst wiederholen!

*Leinensignale.*

- Möglichst vorhandene offene Stellen benutzen.
- Beim Tauchgang Abstand vom Boden halten.
- Eisloch wieder verschließen und absichern.

## Allgemeine Sicherheitsaspekte

Die Regeln des Eistauchens gelten bereits bei geringsten Eisdicken, auch wenn nur Teile des Gewässers mit Eis bedeckt sind!

Es sind immer wieder Tauchkameraden anzutreffen, die bei ein oder zwei Zentimeter dickem Eis glauben, auf die Leinensicherung verzichten zu können, weil sie der Ansicht sind, sich mit dem Messer befreien zu können.

Dies ist aber ein Irrtum, der fatale Folgen haben kann. Meist ist das Eis nicht überall gleich dick, Schatten von Bäumen, Strömungen, Gasblasen oder Quellen beeinflussen die Eisdicke. Im Panikfall, wenn keine überlegten Handlungen mehr zu erwarten sind (wie oft wird der Bleigurt abgeworfen?), ist das Durchbrechen auch durch dünnes Eis kaum noch möglich.

Das Durchbrechen einer Eisschicht mit dem Messer ist, wenn überhaupt möglich (nicht alle Messer haben eine Spitze oder sind stabil genug), langwierig

und äußerst anstrengend. Als grober Anhaltspunkt kann gelten: Eine Minute anstrengender Arbeit pro Zentimeter Eisdicke und das bei stark ansteigendem Luftverbrauch.
Ebenso ist das Atmen mit dem Schnorchel durch ein kleines Eisloch kaum über längere Zeit möglich. Selbst bei idealer Form des Schnorchels ist schon bei dünner Eisdecke die Druckdifferenz zwischen Oberflächendruck und Umgebungsdruck der Lunge so groß, dass es zu stark ansteigender Atemarbeit und zu einer Schädigung kommt. Zur Demonstration für Stammtischtaucher und Unbelehrbare sollten solche Versuche aber während des Eistauchens unbedingt gemacht werden, zur Sicherheit aber nur unmittelbar neben dem Ausstieg!
Zu beachten ist auch:
Die Kälte erschwert jede Rettungsaktion, durch drohende Unterkühlung ist rasches Handeln erforderlich.
Nicht nur die Taucher, auch die Leinenführer und die Zuschauer müssen in die Notfallplanung mit einbezogen werden.

## Vorbereitung eines Eistauchgangs

Eistauchgänge gehören zu den Tauchgängen mit erhöhtem Risiko und erfordern Planung. Zusätzliche Risiken wie Dunkelheit oder dekopflichtige Tauchgänge sind zu vermeiden.
Das Gewässer sollte leicht erreichbar, ausreichend tief und bekannt sein, mit einer geschützten Umziehmöglichkeit.
Die Teilnehmer sollten über ausreichende Erfahrung verfügen, sie dürfen keine Platzangst haben.
Die Ausrüstung muss vollständig, angepasst, bekannt und gewartet sein. Eine Zusatzausrüstung wird zum Öffnen des Loches (Beil, Säge) benötigt. Ausreichend Leine bereitlegen! Es sollten signalfarbige Schwimmleinen sein, mit mindestens 8 mm Durchmesser wegen der Griffigkeit und einer Zugfestigkeit von 2000 N. Das Ende jeder Führungsleine muss sicher befestigt werden, sodass es sich auch unter Zug nicht löst!
Kein Taucher darf unangeleint ins Wasser gehen!!
Für einen rutschfesten, möglichst thermisch isolierenden Stand des Leinenführers sorgen!
Das Eis soll glasklar und hart sein, poröses Eis trägt nicht. Ab 5 cm Dicke kann es von Einzelpersonen betreten werden. Die Gefahr ist, dass Zuschauer und Begleitpersonen dann auch auf das Eis gehen – wo einer ist, sind auch schnell viele –, und dann bricht es! Erst ab 8 bis 10 Zentimeter Dicke können auch Personengruppen das Eis betreten.
Aus diesem Grunde sollte der Leinenführer bei dünnem Eis auch einen Tauchanzug tragen. Aus Sicherheitsgründen muss auch Ausrüstung für die Eisbergung (Bretter, Seile usw.) bereitgehalten werden.
Das Einstiegsloch möglichst über mindestens 3 bis 4 Meter tiefem Wasser in einer Ecke des Sees anlegen. Es muss so groß sein, dass alle Mitglieder einer Tauchgruppe gleichzeitig ab- und auftauchen können. Es darf niemals ohne Leinensicherung in das Eisloch eingestiegen werden.
Bei schneefreier Oberfläche ist wegen der gleichen Brechungsindizes von

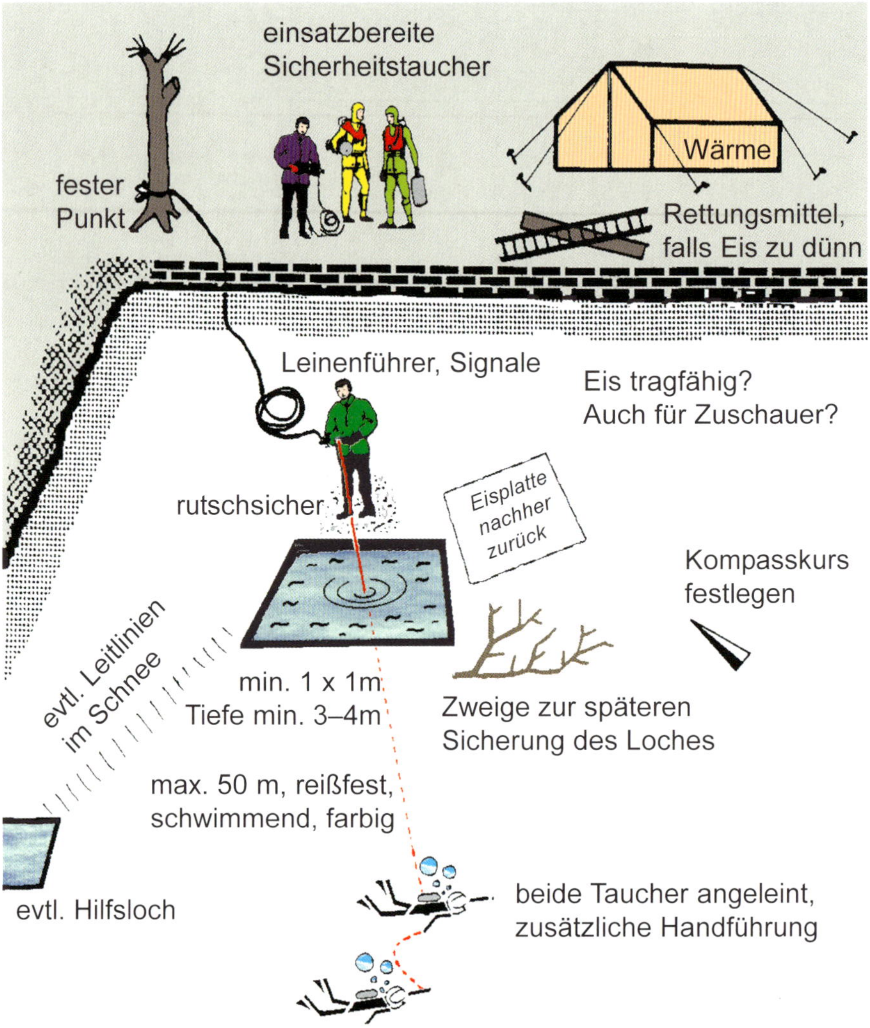


*Eistauchgang. Aus statischen Gründen sind dreieckige Einstiegslöcher vorzuziehen.*

Wasser und Eis das Loch schon aus kürzester Entfernung nicht mehr zu erkennen. Zur Orientierung kann ein Gegenstand in die Ecke des Eisloches gehängt werden (z.B. beschwerte, farbige Plastiktüte).

Liegt Schnee auf dem Eis, können Leitlinien vom Eisloch aus in den Schnee geräumt werden.

Eine Tauchgruppe besteht aus Leinenführer und zwei Tauchern. Eine zweite Sicherungsgruppe sollte bereitstehen. Der Führungstaucher wird mittels Palstek oder Karabinerhaken sicher eingehängt, er führt zusätzlich die Leine mit der Hand in einer Schlaufe, um Richtung und Signale erkennen zu können. Der Tauchpartner wird mittels

*Knoten.*

Buddyleine gesichert. Wichtigster Mann ist der Leinenführer, er überprüft die gesamte Ausrüstung, bespricht die Leinensignale und das Verhalten im Notfall und überwacht die Tauchzeit.
Wollen mehrere Gruppen tauchen, sollte das nacheinander geschehen, damit nur ein Eisloch geöffnet werden muss und sich die Leinen nicht verheddern.
Die Eisplatte wird nach dem Tauchgang wieder in das Loch geschoben und mit Zweigen gekennzeichnet, um Schlittschuhfahrer und Spaziergänger zu warnen.

## Ablauf des Eistauchgangs

Nach besonders sorgfältiger Überprüfung der Ausrüstung, der Besprechung des Ablaufs und dem Verhalten in Notsituationen kann der Tauchgang beginnen. Beide Taucher peilen mit dem Kompass die Richtung ein und lassen sich von der Eiskante ins Wasser gleiten. Kurze Pause, um sich an die Kälte zu gewöhnen und die Leine aufzunehmen. Langsam bewegen, ruhig atmen, auch auf die Atemfrequenz des Partners achten.

Sorgfältig tarieren, keinen Schlamm aufwirbeln und von Hindernissen fern halten, um ein Verhängen der Leine zu verhindern.
Bei Notfällen sofort den Leinenführer verständigen. Niemals die Leine lösen.
Auf Unterkühlungssymptome achten. Bei den ersten Anzeichen ist der Tauchgang zu beenden, auch wenn die abgesprochene Tauchzeit noch nicht erreicht ist.
Bei Leinenverlust: Ruhe – Ruhe – Ruhe! Mit dem Messer von unten an der Eisdecke Notsignal geben (Gruppen von je 3 Schlägen mit kurzer Pause). Da das Eis den Schall gut leitet, hört man die Signale oben gut, kann aber nicht erkennen, von wo sie kommen. Auf Luftblasen achten, wenn die Eisoberfläche klar ist. Ein Helfer kann dann eine Jacke auf dem Eis Richtung Eisloch schleifen, dieser Schatten ist von unten gut zu sehen.
Zweite Gruppe taucht angeleint zur Hilfestellung ab.
Ist keine klare Eisdecke vorhanden, sollten die Taucher mit dem Kompass in Richtung Eisloch tauchen.

Eventuell mit dem Messer ein kleines Eisloch schlagen, um den Standort zu signalisieren. Hilfe muss dann aber von oben kommen.
Nach dem Tauchgang Eisloch schließen, Standplatz sichern und kenntlich machen. Ausrüstung versorgen und schnell umziehen, weitere Abkühlung vermeiden!

### Anregung

Ein zugefrorenes Gewässer übt auf Kinder und Jugendliche, aber auch auf Erwachsene einen unwiderstehlichen Reiz aus. Jedes Jahr kommt es dabei zu Unfällen, oft mit tödlichem Ausgang.
Ein Eistauchgang ist eine gute Gelegenheit, die Eisrettung zu üben und dem Publikum zu demonstrieren.
Die Übungen müssen dabei genau abgesprochen und praxisnah durchgeführt werden. Das bedeutet, dass die Retter zwar Kälteschutzanzüge tragen, aber ein Einbrechen unbedingt vermieden werden muss. Im Ernstfall würde das auch für den Retter die höchste Gefahr bedeuten.
Es sollten dann auch nur örtlich verfügbare Hilfsmittel wie Bretter, Balken, Bänke, Leitern, Stangen, Rohre, Abschleppseile, Starterkabel, Draht, Gürtel, Schals usw. verwendet werden.
Ein unabhängiger Protokollführer sollte alle Maßnahmen notieren und die Zeit bis zum Abtransport stoppen. Was wurde versäumt? Hätte der Verunfallte im Ernstfall eine Überlebenschance gehabt?

## *Checkliste: Vorbereitung eines Eistauchgangs*

- *Eistauchgänge gehören wie z.B. Höhlen-, Strömungs- und Nachttauchgänge zu den Tauchgängen mit erhöhtem Risiko und erfordern eine **genaue Planung und Vorbereitung**. Zusätzliche Risiken wie z.B. Dunkelheit oder Dekotauchgänge sind zu vermeiden. Zur Vorbereitung gehört – wie zu jedem Tauchgang – die Überprüfung der Ausrüstung und die Festlegung des Rettungsweges für den Notfall.*

- *Das Gewässer soll ohne große Fußmärsche leicht erreichbar, bekannt und ausreichend tief ein. Die Aufstellung eines **Zeltes, Wohnmobiles oder Wohnwagens** ist wünschenswert. Besser wäre natürlich noch ein festes, **beheiztes Gebäude**, wo sich die Taucher umziehen können.*

- *Wichtig ist die **Auswahl der Teilnehmer**, die mindestens den Ausbildungsstand entsprechend CMAS** haben sollen und erfahrene Taucher sein müssen. Sie dürfen keine Platzangst haben und müssen psychisch stabil sein (Ehrlichkeit!!).*

- *Die **Ausrüstung** muss vollständig und bereits erprobt sein.*

- ***Anzug**: Dicker, gut passender Nass- oder besser noch ein Trockentauchanzug mit dicken Handschuhen und Füßlingen.*

- ***Gerät**: Tauchgerät möglichst mit zwei getrennt absperrbaren Abgängen und zwei Atemreglern sowie Finimeter. Trockene Luft gemäß EN 12021 und Atemregler mit Vereisungsschutz.*

- ***Zusätzlich:** Tiefenmesser, Uhr, Kompass, evtl. Computer (Achtung – kann zerstört werden, wenn er an der Oberfläche gefriert!), Schnorchel, Messer und natürlich Weste/Jacket mit Inflator. Lampe, Leine (geflochten, etwa 8 mm Durchmesser, schwimmfähig, Leuchtfarbe, mit Entfernungsmarkierungen und einer Reißfestigkeit von 2000 N, maximal 50 m lang).*

- *Das Gerät ist bis zum Abtauchen **trocken zu halten**, vor allem bei Lufttemperaturen unter 0°C.
  Vorsicht bei nasser Ausrüstung und tiefen Temperaturen – steif gefrorene Stoffe (z.B. Weste) können brechen.*

◯ ***Zusatzausrüstung*** *für die Gruppe: Säge (Baumsäge) oder Beil für das Öffnen des Einstiegsloches.*

◯ ***Rutschfester Stand*** *für die Signalperson (Sand, Brett); Achtung: Fußmatten können festfrieren!*

◯ ***Absperrmaterial*** *zum späteren Sichern des Loches (z.B. Zweige). Eisnagel zum Sichern der Leine bei zu großem Abstand zum Ufer. Besen oder Schneeschaufel für evtl. Leitlinien im Schnee.*
*Warme Getränke (alkoholfrei).*

◯ ***Das Eis*** *soll glasklar und hart sein. Brüchiges, poröses Eis trägt nicht. Ab 5 cm Dicke kann es von Einzelpersonen betreten werden. Die Gefahr ist, dass Zuschauer und Begleitpersonen dann auch auf das Eis gehen – wo einer ist, sind schnell auch viele und dann bricht's! Erst ab 8 cm bis 10 cm Dicke und festem Eis können auch Personengruppen die Eisfläche betreten.*

◯ *Aus diesem Grunde sollte die* ***Sicherungsperson*** *bei dünnem Eis auch einen Neoprenanzug tragen. Auf jeden Fall bei dünnem Eis Ausrüstungen für eine Eisbergung bereithalten (Bretter, Leiter, Seile).*

◯ *Das* ***Einstiegsloch,*** *möglichst über mindestens 3 m bis 4 m tiefem Wasser in einer Ecke des Sees gesägt (beachte Umweltschutzaspekte), muss so groß sein, dass die Tauchgruppe gleichzeitig ein- und aussteigen kann! Es darf niemals ohne Leinensicherung in das Eisloch eingestiegen werden! Bei schneefreier Eisfläche ist wegen der gleichen Brechungsindizes von Wasser und Eis das Eisloch schon aus kürzester Entfernung nicht mehr zu sehen. Zur Orientierungshilfe kann ein Gegenstand in das Eisloch gehängt werden (z.B. beschwerte, farbige Plastiktüte).*

◯ *Liegt eine* ***Schneedecke*** *auf dem Eis, können strahlenförmige Leitlinien vom Eisloch aus in den Schnee geräumt werden.*

◯ *Die* ***Eisplatte*** *wird nach dem Tauchgang wieder in das Eisloch geschoben, das Loch mit Zweigen gekennzeichnet, um Schlittschuhläufer und Spaziergänger zu warnen.*

- *Eine **Tauchgruppe** besteht aus dem Sicherungsmann und zwei Tauchern. Eine zweite, komplett ausgerüstete Gruppe mit Leine muss in Bereitschaft stehen. Leinen immer am offenen Ende an festem Punkt sichern. Wichtigster Mann ist der Sicherungsmann, der auch die Leine führt. Er überprüft die gesamte Ausrüstung der beiden Taucher und die Knoten, bespricht die Leinensignale und das Verhalten in Notsituationen und überwacht die Tauchzeit.*

- *Dem **Führungstaucher** wird mittels Palstek die Führungsleine am Körper befestigt. Der Führungstaucher führt die Leine zusätzlich noch mit der Hand, um Richtung und Leinensignale zu erkennen. Der Tauchpartner wird mit einer Buddyleine gesichert, die am Führungstaucher befestigt wird. Sie sollte mit Karabinerhaken eingehängt werden. Eine Buddyleine zwischen den Tauchern, die nur über dem Handgelenk getragen wird, ist nicht zulässig, da bei kalten, gefühllosen Händen keine Kontrolle mehr möglich ist.*

- *Die **Führungsleine** wird an einem festen Punkt gesichert.*

- *Die **Leinensignale** (siehe Seite 58): „Signale" sind festgelegt und müssen bereits vorher geübt worden sein.*

- *Wollen **mehrere Gruppen** tauchen, soll dies nacheinander geschehen, damit nur ein Eisloch geöffnet werden muss. Außerdem besteht dann nicht die Gefahr des Verhakens der Leinen. Einen Massenauflauf vermeiden!*

- *Tauchen in **strömenden Gewässern und im Meer**: Gefrieren diese Gewässer zu, bleibt das Eis nicht eben. Durch Wind und Strömungen können sich Eisschollen übereinander schieben, sodass über und unter Wasser Löcher und Zacken entstehen. Über Wasser besteht die Gefahr durch Stürze, unter Wasser durch Verhaken der Leine an vorstehenden Eiskanten.*

- ***Bestehende Eislöcher** sind nicht unbedingt sicher, da sie sich durch Eisdruck schließen können!*

## *Vereisungsschutz*

*Wie bereits erwähnt, gibt es – obwohl uns die Werbung hier oft etwas anderes vorgaukelt – keinen absoluten Schutz vor Vereisung. Was man dagegen tun kann, um die Wahrscheinlichkeit der Vereisung so gering wie möglich zu halten, ist hier zusammenfassend aufgeführt:*

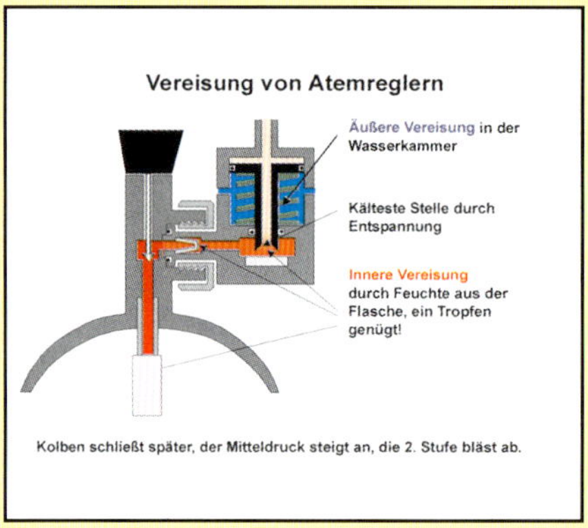


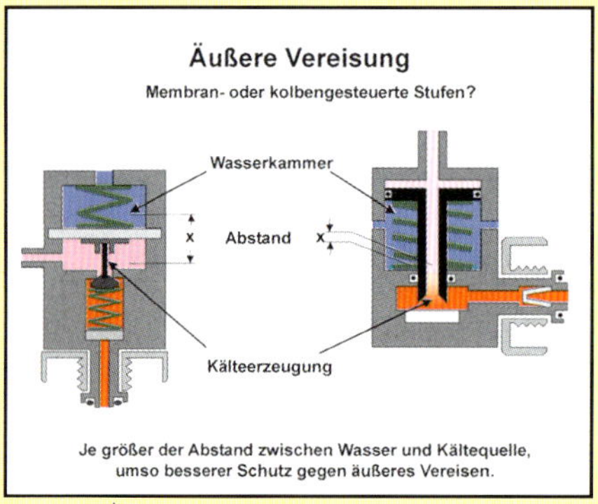


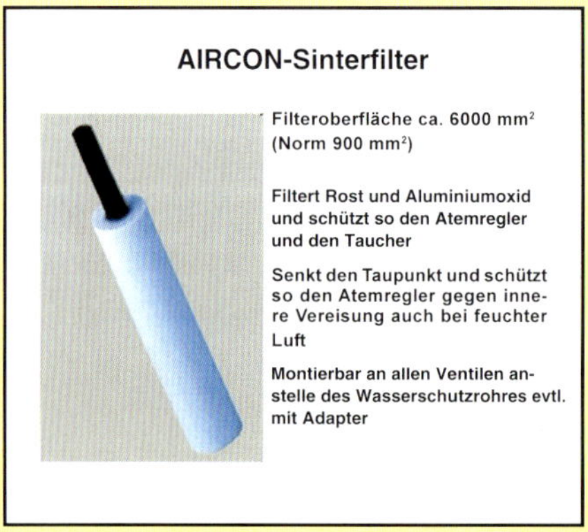


### *Technische Maßnahmen:*

- ***Atemregler*** *vor allem in der 1. Stufe gegen Vereisen schützen. Das Füllen mit Silikonfett und Anbringen einer Schutzkappe nimmt der Tauchsporthändler vor.*
- *Regelmäßige Wartung der* ***Sinterfilter*** *im Flaschenventil und in der 1. Stufe des Atemreglers (i.d.R. beim Händler).*
- *Trockene* ***Atemluft*** *gemäß EN 12021.*
- ***Flasche*** *mit zwei Absperrmöglichkeiten und zwei vereisungsgeschützten Atemreglern verwenden.*
- *Bei Lungenautomaten mit einstellbarem* ***Injektor*** *diesen auf möglichst geringe Wirkung einstellen.*

### *Richtiges Verhalten:*

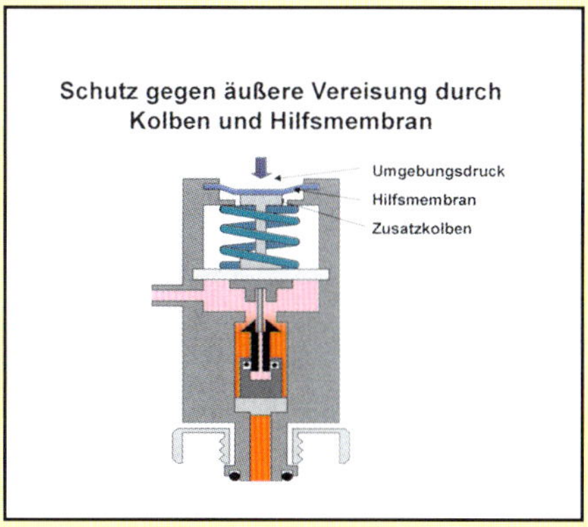

- ***Flaschenventil*** *völlig öffnen.*

- *Bei* ***Lufttemperaturen unter 0°C*** *Tauchgerät bis zum Abtauchen trocken halten. Automatencheck nur über die Luftdusche.*

- *Beim Tauchen langsam bewegen und ruhig atmen. Durch Training eine ruhige* ***Atmung*** *und Bewegungsweise erlernen. Keine Übungen unter dem Eis!*

- *Den* ***Inflator*** *nicht während des Einatmens bedienen und den Inflatorknopf nur kurz drücken (richtig austarieren).*

- *Die* ***Luftdusche*** *nicht betätigen.*

- *Keine Wechselatmung! Bei* ***Luftmangel*** *den Zweitautomaten des Partners verwenden. Tauchgang beenden, Leinensignal!*

- *Bei* ***Frieren****, Zähneklappern oder irgendwelchen Unklarheiten den Tauchgang unverzüglich beenden. Leinensignal geben!*

- *Auf* ***Vereisungssymptome*** *achten: erst leichtes, dann immer stärker werdendes Abblasen des Lungenautomaten (ganz selten: keine Luftzufuhr mehr), evtl. auch Ankündigung durch seltsame Geräusche des Atemreglers beim Einatmen oder unregelmäßige Luftabgabe. Leinensignal geben!*

*Ist eine **Vereisung** eingetreten, ist dies kein Grund zur Panik. Auch aus einem vereisten, abblasenden Automaten kann man weiteratmen!*

*Man nimmt seinen **zweiten Atemregler** (ein zweiter Lungenautomat allein nützt nichts!) und gibt seinem Partner Zeichen (z.B. den abblasenden Lungenautomaten zeigen). Der Partner schließt dann das Flaschenventil des abblasenden Automaten. Ist keine zweite Absperreinheit vorhanden, übergibt der Partner seinen zweiten Atemregler und schließt dann das Flaschenventil.*

*Dem Leinenführer wird das **Signal zum Zurückkommen** der Gruppe gegeben und der Tauchgang wird beendet. Sämtliche **Verhaltensweisen** und Signale müssen natürlich Gegenstand der Planung und der Tauchgangsvorbesprechung sein!*

*Nach dem Tauchgang ist zu versuchen, die **Ursache der Vereisung** (schnelles Atmen, konstruktive Mängel) herauszubekommen, um bei weiteren Tauchgängen eine Vereisung zu vermeiden.*

## Durchführung eines Eistauchgangs

*Nach der besonders sorgfältigen Überprüfung der **Ausrüstung**, der Besprechung des Tauchgangablaufs, der Leinensignale und des Verhaltens in Notsituationen kann der Tauchgang beginnen.*

*Der **Führungstaucher** und sein Partner peilen die Richtung auf dem Kompass ein und lassen sich von der Eiskante ins Wasser gleiten. Nicht hineinspringen!*

***Vor dem Abtauchen** sich erst kurz an die Kälte gewöhnen und darauf achten, dass die Leinen sich nicht verheddern.*

*Die **Leinensignale** können nur ausgetauscht werden, wenn die Leine immer unter leichtem Zug steht. Signale sollen sofort erwidert werden, sonst wiederholen!*

*Der Eistauchgang ist ein **Erlebnistauchgang**, daher keine Übungen.*

- *Kontrolliert **atmen** und ganz langsam bewegen; auch auf die Atemfrequenz des Partners achten.*

- *Sorgfältig **tarieren**, keinen Schlamm aufwirbeln, die Lebewesen unter Wasser nicht berühren, blenden oder aufscheuchen. Von Hindernissen wie Netzen, Leinen, Bäumen fernhalten, um ein Verhaken der Leine zu verhindern.*

- *Bei **Notfällen** sofort den Leinenführer verständigen, der die Taucher sofort zurückholt, wobei die Gruppe zusammenbleibt. Niemals die Leine lösen!*

- *Bei **vereistem Automat** entsprechenden Ventilabgang schließen – Automat wechseln. Meist bläst ein vereister Automat ab (äußere Vereisung), sodass trotz etwas Behinderung durch die Luftblasen weitergeatmet werden kann. Die Flasche wird aber sehr schnell leer sein.*

- *Aus diesem Grund soll der Tauchgang auch beendet werden, wenn der **Druck** nur noch 50 bar bis 80 bar in der Flasche beträgt, da sonst die erforderliche Reaktionszeit zu kurz ist.*

- *Die **maximale Entfernung** vom Einstiegsloch darf nur 25 m betragen.*

- *Auf **Unterkühlungssymptome** achten. Bei den ersten Anzeichen ist der Tauchgang zu beenden, auch wenn die verabredete Tauchzeit noch nicht abgelaufen ist.*

- *Bei **Leinenverlust:** Ruhe – Ruhe – Ruhe! Mit dem Messer von unten an der Eisdecke Notsignal geben (Gruppen von je 3 Schlägen mit kurzer Pause). Da Eis den Schall gut leitet, kann von oben allerdings kaum geortet werden, wo die Taucher sind, es sei denn, man sieht die Luftblasen. Signalperson verständigt die 2. Gruppe. Erkennt sie den Standort der Taucher bei klarem Eis, kann sie die Jacke ausziehen und über das Eis Richtung Ausstieg schleifen. Von unten ist dieser schwarze Schatten zu sehen. Ist keine klare Eisdecke vorhanden, sollten die Taucher langsam mit dem Kompass in Richtung zum Einstiegsloch schwimmen.*

## Fragen zu Eistauchen

1. Du planst einen Eistauchgang. Welche Ausrüstung wird benötigt?

2. Nach welchen Gesichtspunkten legst du die Lage des Einstiegsloches fest?

3. Wie ist die Gruppeneinteilung?

4. Nenne zehn Sicherheitsmaßnahmen beim Eistauchen.

5. Du stellst fest, dass das Eis 5 cm dick ist. Was ist zu veranlassen?

6. Nenne alle Leinensignale
   a) Signalmann/Taucher,
   b) Taucher/Signalmann.

7. Welche Maßnahmen kennst du, um ein Vereisen des Automaten zu verhindern?

8. Kann bei 25 cm dickem Eis durch ein kleines Eisloch durch den Schnorchel geatmet werden?

9. Wann ist der Tauchgang zu beenden?

10. Wie schützt sich der Körper gegen
    a) Auskühlung?
    b) Überhitzung?

11. Welche Phasen der Unterkühlung gibt es und wie müssen sie behandelt werden?

12. Ein „steifer Grog" vor dem Tauchgang – wär das was?

13. Welche Temperaturen des Wassers sind zu erwarten
    a) beim Eistauchen?
    b) im Sommer?

14. Was sind und wie entstehen die Sprungschichten?

15. Was kannst du beim Eistauchen für den Umwelt- und den Naturschutz tun?

16. Wie sicherst du die Einstiegsstelle nach dem Tauchgang?

17. Beschrifte unten stehende Skizze vollständig.

## Antworten zu Eistauchen

1. Seile. Axt. Fußmatte. Kälteschutz (z.B. Zelt, Wohnwagen), angepasste Ausrüstung (Anzug, kaltwassertauglicher Atemregler)

2. In einer gut einpeilbaren Ecke des Gewässers in der Nähe des Ufers, mindestens 3 Meter tiefes Wasser, möglichst wenig Publikumsverkehr

3. Nur 2, maximal 3 Taucher, alle an der Leine, nur ein „Neuling", bereitstehender Sicherungstaucher

4. Eisdicke und Tragfähigkeit prüfen; Eisloch so groß, dass alle Gruppenmitglieder gleichzeitig auftauchen können; Gruppeneinteilung: pro Gruppe nur ein Neuling; sichere Leinenverbindung aller Taucher; Leine schwimmfähig, griffig und mit ausreichender Zugabelastung; Leinenende sicher an Land oder auf dem Eis befestigen; Leine immer unter leichtem Zug halten, für sicheren Stand des Leinenführers sorgen; Leinensignale vorher nochmals absprechen; angepasste Ausrüstung (am besten Trockentauchanzug und kaltwassertauglicher Atemregler); Tauchdauer begrenzen; keine Zusatzrisiken wie Nacht-, Deko- oder Tieftauchgänge; Eisloch danach sichern und kennzeichnen.

5. Es ist nicht ausreichend tragfähig.
   Alle Teilnehmer müssen Kälteschutzausrüstung tragen, nur immer einzeln das Eis betreten, Zuschauer fernhalten.

6. Vom Taucher:

| | |
|---|---|
| —X— | Gefahr, hole uns zurück |
| —XXXX— | Wir kommen zurück |
| —XXXXX— | alles o.k. |
| —XXX—XXX—XXX— | Wir benötigen Hilfe |

Vom Signalmann:

| | |
|---|---|
| —X— | Kommt sofort zurück |
| —XX— | nach links |

| | |
|---|---|
| —XXX— | nach rechts |
| —XXXX– | Zurück! |
| —XXXXX— | alles ok? |
| —XX-X— | Richtung vorwärts, |
| —XX-XX—— | Richtung zurück |

7. Kaltwassertauglicher Atemregler, trockene Luft, Einsatz eines AIRCON-Sinterfilters im Flaschenventil, Automat bis zum Einsatz trocken halten

8. Durch die Druckdifferenz ist ein Atmen durch den Schnorchel nur kurz möglich.

9. Wenn der erste Taucher zu frieren beginnt.

10. Auskühlung: „Gänsehaut, Engstellen der Kapillaren, Muskelzittern.
    Überhitzung: Verstärkte Durchblutung der Kapillaren, Schwitzen.

11. Abwehrphase: Der Körper kann die Abkühlung noch abwehren (Gänsehaut, Muskelzittern, erhöhter Puls, erhöhter Blutdruck, verstärkte Atmung)
    Erschöpfungsphase: Körpertemperatur sinkt ab, sofort für Wärmezufuhr sorgen. Lähmungsphase: Lebensgefahr!

12. Alkohol steuert der Wärmeregulation des Körpers entgegen: Verboten!

13. Im Winter zwischen 0° (direkt unter dem Eis) und +4 °C am Grund des Gewässers.
    Im Sommer oben 20° bis 25 °C, unten 4° bis 6 °C

14. Die Erwärmung im Frühjahr erfolgt nicht gleichmäßig von oben nach unten, sondern in Schichten; Sprungschichten sind Grenzlinien, an denen sich die Wassertemperatur sehr stark ändert.

15. Tauchen nur in wenig belasteten Gewässern, Abstand halten vom Boden, Fische nicht in ihrer Winterruhe stören.

16. Eisplatte in das Loch zurückschieben, Einstiegsstelle durch Zweige oder Farbbänder markieren.

*Der Autor Werner Scheyer bei einem Extremtauchgang. Achtung! Das überstehen nur extrem trainierte und konditionierte Taucher.*

*Fantastische Eistaucherlebnisse.*

# Bergseetauchen

Tauchgänge finden heute in nahezu allen überhaupt betauchbaren Gewässern der Erde statt. Körperliche Fitness, Ausbildungsstand und Taucherfahrung müssen dabei ebenso mit in die Tauchgangsplanung einbezogen werden wie Ausrüstung und Gewässerbedingungen. Besondere Bedeutung gewinnen beim Bergseetauchen die sich mit zunehmendem Abweichen von der Ausgangsnorm Meereshöhe ergebenden Änderungen der Druck-, Temperatur- und atmosphärischen Bedingungen. Nicht zuletzt spielen beim Bergseetauchen auch immer die besonderen ökologischen Faktoren, die bei umweltgerechtem Tauchen nicht außer Acht gelassen werden dürfen, eine wichtige Rolle.

*Bergseetauchen: Faszinierende Sichtweiten, Reflexionen, Spiegelungen und Durchblicke in die Welt über Wasser.*

Das Tauchen in Bergseen hat einen besonderen Reiz. Zum einen ist es die oft grandiose Kulisse, wie beispielsweise um die häufig betauchten Seen in den Alpen, zum anderen sind es auch die Sichtweiten unter Wasser, die wegen ihrer Nährstoffarmut oft die Bezeichnung „glasklar" verdienen. „Tauchen bei optimaler Sicht, wozu also ein Spezialkurs Bergseetauchen? Mein Computer stellt sich auf den Bergseemodus um, mehr brauche ich doch nicht zu berücksichtigen." Solche oder ähnliche Meinungen kann man nur allzu oft hören. Einen Bergseetauchgang allein auf das Problem der veränderten Drucksituationen zu reduzieren, wäre eine ungenügende Tauchgangsplanung. Zudem könnte bei allen technischen Fortschritten diese blinde Technikgläubigkeit dennoch zu kritischen Situationen führen, da auch der beste Computer nicht alle Einflüsse berücksichtigen kann und vor allem das Denken nicht ersetzen darf. Einige Hintergründe über Gefahren und Zusammenhänge beim Bergseetauchen zu wissen, kann sicher nicht schaden, und die empfindlichen ökologischen Zusammenhänge dieser Gewässer zu berücksichtigen, gehört zu den Grundaufgaben umweltbewusster TaucherInnen.

## Gefahren beim Bergseetauchen

Mit welchen Gefahren muss man beim Bergseetauchen zusätzlich rechnen? Es muss ja nicht gleich die durch Sauerstoffmangel ausgelöste Höhenkrankheit sein, die ab etwa 3000 Meter Höhe auftreten kann – einer Höhe, in der sicherlich nur noch selten getaucht wird. Das banalste Risiko ist wohl eine unzureichende Ausrüstung schon beim Aufstieg: Sandalen, T-Shirt und Shorts im Gebirge schützen eben nicht ausreichend!

Welchen veränderten Einflüssen wir beim Bergseetauchen ausgesetzt sind und welche Gefahren lauern, soll dieses Sonderbrevet behandeln.

## Physikalische Grundlagen

Viele der veränderten Einflüsse haben mit dem Luftdruck zu tun. Luft hat eine Masse, aus der ein Gewicht resultiert, das einen Druck erzeugt.

Auf Meereshöhe entspricht dieser Druck 1,013 bar im Mittel, kann aber durch Hoch- und Tiefdruckgebiete um bis zu 50 mbar nach oben und unten schwanken. Um uns das Rechnen zu erleichtern, gehen wir von einem Luftdruck von 1 bar auf Normal Null (NN), also Meereshöhe, aus.

Steigen wir auf die Berge, nimmt die Höhe der noch über uns liegenden Luftsäule ab, der Umgebungsdruck sinkt. Wie hoch jeweils der Umgebungsdruck ist, lässt sich mit der barometrischen Höhenformel errechnen; für unsere Betrachtungen genügt aber die *folgende Faustformel:*

**Der Druck nimmt um 0,1 bar pro 1000 Meter ab.**

Physikalisch genau stimmt das zwar nicht, bis zu den Höhen unserer höchsten Tauchgewässer kann man aber diesen linearen Zusammenhang vertreten. Der Luftdruck ändert sich zwar, die Luftzusammensetzung in Volumenanteilen bleibt aber gleich. Wir haben immer eine Einatemluft, die etwa 21% Sauerstoff und 78% Stickstoff enthält, der Rest besteht aus Edelgasen, Kohlenstoffdioxid und Wasserdampf.

## Auf den Partialdruck kommt es an

Trotzdem bekommen wir in großen Höhen Probleme bei der Atmung. Die Ursache ist der absinkende Teildruck (Partialdruck) des Sauerstoffs.Nicht der prozentuale Anteil des Sauerstoffs hält uns am Leben, sondern sein Teildruck! Wir kennen das auch vom Tauchen, aber mit anderem Vorzeichen. Ab etwa 70 Meter Tauchtiefe wirkt der Sauerstoff giftig, obwohl er wie an der Oberfläche 21% der Luft ausmacht, sein Partialdruck ist aber 8-mal höher ($pO_2$ = 1,68 bar), weil der gesamte Umgebungsdruck 8 bar beträgt.

Der Sauerstoffteildruck in 3000 Meter Höhe wäre demnach, mit unserer Faustformel umgerechnet, 21% von 0,7 bar, also 0,147 bar, auf Meereshöhe entspräche das einem Sauerstoffanteil von 14,7%, zum Leben eines auf Meereshöhe adaptierten Menschen schon

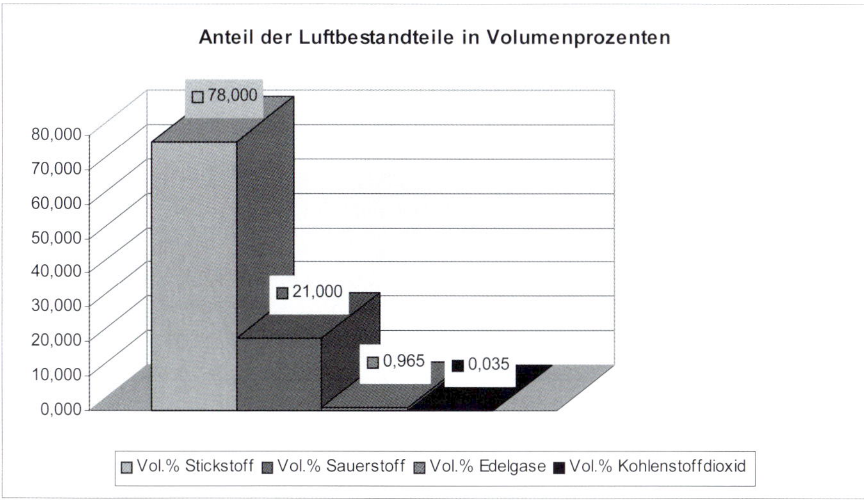


*Die Werte sind nach der zweiten Stelle hinter dem Komma gerundet. Den Hauptanteil unter den Edelgasen stellt das Argon.*
*Der Kohlendioxidanteil ist durch das Verbrennen fossiler Brennstoffe (Kohle, Erdöl, Erdgas) in den letzten 50 bis 100 Jahren von 0,03 auf 0,035 % angestiegen. Dies entspricht einer absoluten Zunahme von ca. 16 %, die u. a. für die weltweiten Klimaveränderungen verantwortlich gemacht wird.*

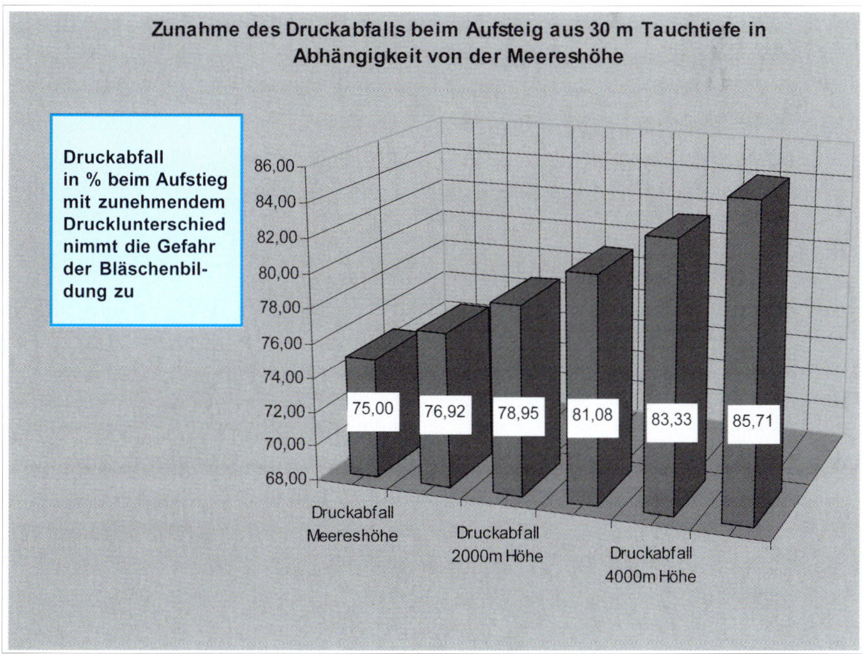

**Faustformeln:**

Der Partialdruck des Sauerstoffs $pO_2$ =
Vol.% $O_2$ am Gasgemisch x Umgebungsdruck (bar): 100

Vol.% Sauerstoffanteil bezogen auf MeereshöheVol.% $O_2 = pO_2 \times 100$

recht wenig. Noch extremer wird es, wenn Reinhold Messner ohne zusätzliche Sauerstoffatmung auf den 8868 Meter hohen Mont Everest steigt. In dieser Höhe beträgt der Luftdruck nur noch ein Drittel des Normaldruckes. Auf Meereshöhe umgerechnet entspräche das einem Sauerstoffanteil von 7% – für die meisten Menschen auch ohne körperliche Belastung bereits tödlich!

## Das Geheimnis der Anpassung

Warum sind solche Extremleistungen dann trotzdem möglich? Der gesunde Körper kann sich innerhalb gewisser Grenzen an den geringeren Druck anpassen. Einmal ist es die stärkere Atmung; fast die gesamte Vitalkapazität wird nun für den Gasaustausch eingesetzt, um den Sauerstoffteildruck in den Lungenbläschen zu erhöhen, zudem steigt die Herzfrequenz an. Auch die Zusammensetzung des Blutes passt sich den veränderten Verhältnissen an, das dauert aber 8 bis 10 Tage, in denen pro Tag nicht mehr als 600 Meter Höhendifferenz überwunden werden sollen. Dabei wird die Anzahl der roten Blutkörperchen, welche den Sauerstoff transportieren, erhöht, ihr Anteil kann um mehr als die Hälfte zunehmen. Das Blut wird dadurch dickflüssiger und die Gerinnungsfähigkeit steigt.
Die Anpassung an die veränderte Höhe bzw. den verringerten Umgebungsdruck wird auch noch aus anderen Gründen für uns Taucher wichtig. Unser Körper hat sich in seiner normalen Umgebung entsprechend den Teildrücken der Gase gesättigt. Sinkt dieser Druck, kommt es zu einer Entsättigung vor allem des Stickstoffs, wie auch nach einem normalen Tauchgang. Entsprechend der Halbwertszeit bzw. der Durchblutung der Gewebe erfolgt diese Entsättigung im Körper unterschiedlich; erst nach etwa zwei Tagen wären alle Gewebe etwa dem neuen Druck angepasst. Da wir aber selten so lange an unserem Bergsee bleiben, gehen wir in der Dekoberechnung immer von einer gegenüber der Umgebung erhöhten Stickstoffsättigung aus, wie bei einem Wiederholungstauchgang.

## Achtung: Verstärktes Druckgefälle

Auch die Druckverhältnisse zwischen Tauchtiefe und Oberfläche ändern sich, was auch einen Einfluss auf die Dekoberechnung hat.
Taucht man in Meereshöhe auf 30 Meter, entspricht das einem Druck von 4 bar. Beim Auftauchen bis zur Oberfläche reduziert sich der Druck auf 1 bar, also auf 25%. Bei einem gleichen Tauchgang auf 2000 Meter Höhe entspräche der Tiefendruck 3,8 bar, der Oberflächendruck aber 0,8 bar, was einer Verringerung auf 21% entspricht. Je größer aber das Druckgefälle, umso

*o.l.: Schon in 3000m üNN hat man 50% des atmosphärischen Wasserdampfes unter sich gelassen.*
*m.l.: Nur gute Wolken- und Wetterkenntnisse lassen die schnellen Wetterumstürze im Gebirge rechtzeitig erkennen.*
*o.r: Schon von oben erkennt man die Sicht in diesem Bergsee.*
*m.r. und u.r.: Hecht und Flussbarsch, die typischen Süßwasservertreter Europas, sind auch in den Bergseen anzutreffen.*

größer die Gefahr der Gasblasenbildung im Gewebe. Das ist der Grund für die speziell errechneten Bergseetabellen.

## Die Faktoren Temperatur, UV-Strahlung und Dampfdruck

Ein weiterer Effekt des geringer werdenden Luftdruckes ist die mit der Höhe abnehmende Temperatur vor allem wegen der geringeren Wärmeleitung der dünneren Atmosphäre.
Eine *Faustformel* wäre hier:

**Temperaturabnahme etwa 0,6 °C bis 0,8 °C pro 100 Meter Höhenzunahme**

Weitere physikalische Effekte, die mit dem geringeren Luftdruck zusammenhängend sind:

- Ein höherer UV-Anteil, da die Absorptionswirkung der Luft abnimmt, was eine stark erhöhte Sonnenbrandgefahr zur Folge hat.
  Das gilt auch für die Augen, eine Sonnenbrille mit guten, UV-absorbierenden Gläsern ist zu empfehlen.
  In 3000m Höhe ist die UV-Strahlung bereits um 50% stärker als im Tal.
- Stärkere Flüssigkeitsabgabe durch den geringeren Dampfdruck des Wassers und vor allem der verstärkten Atmung. Hierbei spielt ökologisch die Evaporation (die Wasserabgabe eines wasserhaltigen Körpers an die umgebende, nicht mit Wasserdampf gesättigte Atmosphäre) eine wichtige Rolle. Sie hängt von der relativen Luftfeuchtigkeit, der Temperatur und den Windverhältnissen ab.

## Tauchen nach der Bergseeformel

Noch vor einigen Jahren wurden die TaucherInnen damit geplagt, die äquivalente Tauchtiefe beim Bergseetauchen zu errechnen, mit der dann in der normalen Tabelle die Null- und Dekozeiten abgelesen werden konnten .
Zur Information wollen wir diese Berechnung hier nur kurz anführen, obwohl sie in der Praxis nicht mehr eingesetzt wird, da diese vereinfachenden Umrechnungen nicht die Sicherheit entsprechender Bergseetabellen aufweisen.
Benötigt wurde für diese Berechnungen der Luftdruck oder die genaue Höhe des Gewässers, um den Korrekturfaktor zu ermitteln.
Als Beispiel dient ein Tauchgang auf 30 Meter in einem 2000 Meter hoch gelegenen Gewässer.

*Korrekturfaktor:*

$$\frac{\text{Druck in Meereshöhe (1bar)}}{\text{Druck in Bergseehöhe (0,8bar)}} = 1{,}25$$

*Äquivalente Tiefe:*
Angezeigte Tiefe (30 Meter) x Korrekturfaktor (1,25) = 37,5 Meter
Zur Ermittlung der Null- und Dekozeiten muss bei einer Tiefe von 37,5 Meter abgelesen werden.
Selbst die Dekostufen mussten damit berechnet werden. Da die Druckdifferenz nicht zu stark ansteigen durfte, wurde beispielsweise die Dreimeter-Stufe verändert auf

$$\frac{\text{Dekotiefe normal (3 m)}}{\text{Korrekturfaktor (1,25)}} = \text{2,4 Meter im Bergsee}$$

## Bergseeformel

$$\frac{\text{Druck in Meereshöhe}}{\text{Druck in Bergseehöhe}} = \text{Korrekturfaktor}$$

$$\frac{\text{Äquivalente Tiefe}}{\text{Korrekturfaktor}} = \text{wahre Tiefe (m)}$$

## Dekostufen:

$$\frac{\text{Dekostufe (Tabelle)}}{\text{Korrekturfaktor}} = \text{Dekostufe} \quad \text{(Anzeige Tiefenmesser)}$$

### Dekoberechnung mit der Bergseetabelle

Um den veränderten Druckverhältnissen bei Tauchgängen in Bergseen Rechnung zu tragen, wurden spezielle Dekotabellen errechnet. Sie enthalten bereits Sicherheiten und gelten immer für einen bestimmten Bereich. Die Tabelle für Tauchgänge in Meereshöhe gilt bis 700 Meter üNN, die erste Bergseetabelle von 701 - 1500 Meter üNN. Bühlmann-Tabellen stehen für Höhen von 701 - 2500 Meter üNN bei einem Aufstieg zur Höhe von 60 min oder länger, sowie bei voller Anpassung für 2501 - 2500 Meter üNN zur Verfügung. Für Wiederholungstauchgänge werden bei Bühlmann die Höhen von 0 - 4500 Meter üNN zusammengefasst.

Austauchtabelle DECO 2000

| Tiefe m | Nullzeit min(') | Grundzeit min | Stopp in 15 | 12 | 9 | 6 | 3 m | Wiederholungsgruppe |
|---|---|---|---|---|---|---|---|---|
| 12 | 112' | 36 | | | | | | D |
| | | 54 | | | | | | E |
| | | 72 | | | | | | F |
| | | 90 | | | | | | G |
| | | 108 | | | | | | G |
| 15 | 60' | 24 | | | | | | D |
| | | 36 | | | | | | E |
| | | 48 | | | | | | E |
| | | 60 | | | | | | F |
| | | 72 | | | | | 5 | G |
| | | 84 | | | | | 10 | G |
| 18 | 38' | 15 | | | | | | C |
| | | 25 | | | | | | D |
| | | 35 | | | | | | E |
| | | 45 | | | | | 3 | F |
| | | 55 | | | | | 9 | F |
| | | 65 | | | | | 15 | G |
| | | 75 | | | | | 22 | G |
| 21 | 27' | 11 | | | | | | C |
| | | 16 | | | | | | D |
| | | 21 | | | | | | D |
| | | 26 | | | | | | E |
| | | 31 | | | | | 2 | E |
| | | 36 | | | | | 5 | F |
| | | 41 | | | | | 8 | F |
| | | 46 | | | | | 12 | F |
| | | 51 | | | | | 16 | G |
| | | 56 | | | | 1 | 20 | G |
| | | 61 | | | | 2 | 25 | G |
| 24 | 20' | 7 | | | | | | B |
| | | 11 | | | | | | C |
| | | 15 | | | | | | D |
| | | 19 | | | | | | D |
| | | 23 | | | | | 2 | E |
| | | 27 | | | | | 4 | E |
| | | 31 | | | | | 7 | F |
| | | 35 | | | | | 11 | F |
| | | 39 | | | | 1 | 14 | F |
| | | 43 | | | | 3 | 17 | G |
| | | 47 | | | | 4 | 20 | G |
| | | 51 | | | | 6 | 24 | G |
| | | 55 | | | | 8 | 28 | G |
| 27 | 16' | 6 | | | | | | B |
| | | 10 | | | | | | C |
| | | 14 | | | | | | D |
| | | 18 | | | | | 1 | E |
| | | 22 | | | | | 4 | E |
| | | 26 | | | | | 8 | F |
| | | 30 | | | | 2 | 10 | F |
| | | 34 | | | | 3 | 14 | F |
| | | 38 | | | | 5 | 18 | G |
| | | 42 | | | | 7 | 22 | G |
| | | 46 | | | | 10 | 26 | G |
| | | 50 | | | 1 | 11 | 31 | G |
| 30 | 13' | 6 | | | | | | B |
| | | 9 | | | | | | C |
| | | 12 | | | | | | D |
| | | 15 | | | | | 2 | D |
| | | 18 | | | | | 4 | E |
| | | 21 | | | | | 7 | E |
| | | 24 | | | | 2 | 9 | F |
| | | 27 | | | | 3 | 12 | F |
| | | 30 | | | | 5 | 14 | F |
| | | 33 | | | | 7 | 17 | G |
| | | 36 | | | 1 | 8 | 21 | G |
| | | 39 | | | 2 | 9 | 25 | G |
| | | 42 | | | 3 | 11 | 28 | G |
| 33 | 11' | 6 | | | | | | C |
| | | 9 | | | | | | D |
| | | 12 | | | | | 1 | D |
| | | 15 | | | | | 4 | E |
| | | 18 | | | | 1 | 6 | E |
| | | 21 | | | | 2 | 9 | F |
| | | 24 | | | | 4 | 12 | F |
| | | 27 | | | 1 | 5 | 15 | F |
| | | 30 | | | 2 | 7 | 19 | G |
| | | 33 | | | 3 | 9 | 22 | G |
| | | 36 | | | 4 | 10 | 27 | G |
| 36 | 9' | 6 | | | | | | C |
| | | 10 | | | | | 1 | D |
| | | 14 | | | | | 5 | E |
| | | 18 | | | | 3 | 8 | F |
| | | 21 | | | | 5 | 11 | F |
| | | 24 | | | 2 | 5 | 15 | F |
| | | 27 | | | 3 | 7 | 19 | G |
| | | 30 | | | 4 | 9 | 23 | G |
| | | 33 | | 1 | 5 | 11 | 28 | G |
| 39 | 8' | 6 | | | | | | C |
| | | 9 | | | | | 1 | D |
| | | 12 | | | | | 4 | E |
| | | 15 | | | | 2 | 7 | E |
| | | 18 | | | 1 | 4 | 10 | F |
| | | 21 | | | 2 | 6 | 14 | F |
| | | 24 | | | 4 | 7 | 18 | G |
| | | 27 | | 1 | 4 | 9 | 24 | G |
| 42 | 6' | 4 | | | | | | C |
| | | 7 | | | | | | D |
| | | 10 | | | | | 4 | E |
| | | 13 | | | | 2 | 6 | E |
| | | 16 | | | 1 | 4 | 10 | F |
| | | 19 | | | 3 | 5 | 14 | F |
| | | 22 | | 1 | 4 | 7 | 19 | G |
| | | 25 | | 2 | 5 | 9 | 25 | G |
| 45 | 6' | 6 | | | | | | D |
| | | 8 | | | | | 2 | D |
| | | 10 | | | | 1 | 4 | E |
| | | 12 | | | | 3 | 6 | E |
| | | 14 | | | 1 | 4 | 9 | F |
| | | 16 | | | 2 | 5 | 12 | F |
| | | 18 | | 1 | 3 | 6 | 15 | F |
| | | 20 | | 1 | 4 | 8 | 18 | G |
| | | 22 | | 2 | 5 | 9 | 22 | G |
| 48 | 5' | 5 | | | | | | C |
| | | 7 | | | | | 2 | D |
| | | 9 | | | | 1 | 4 | E |
| | | 11 | | | | 3 | 6 | E |
| | | 13 | | | 2 | 3 | 10 | F |
| | | 15 | | | 3 | 5 | 12 | F |
| | | 17 | | 1 | 4 | 6 | 16 | F |
| | | 19 | | 2 | 4 | 8 | 20 | G |
| | | 21 | 1 | 2 | 5 | 10 | 24 | G |
| 51 | 4' | 6 | | | | | 2 | D |
| | | 8 | | | | 1 | 4 | E |
| | | 10 | | | 1 | 2 | 7 | E |
| | | 12 | | | 2 | 4 | 9 | F |
| | | 14 | | 1 | 3 | 5 | 13 | F |
| | | 16 | | 2 | 3 | 7 | 17 | F |
| | | 18 | 1 | 2 | 5 | 8 | 21 | G |
| 54 | 3' | 6 | | | | | 3 | D |
| | | 8 | | | | 2 | 5 | E |
| | | 10 | | | 1 | 4 | 7 | E |
| | | 12 | | 1 | 2 | 5 | 11 | F |
| | | 14 | | 2 | 3 | 6 | 15 | F |
| | | 16 | 1 | 2 | 4 | 8 | 20 | G |
| 57 | 3' | 6 | | | | 1 | 3 | D |
| | | 8 | | | 1 | 2 | 6 | E |
| | | 10 | | | 2 | 4 | 9 | F |
| | | 12 | | 1 | 3 | 6 | 12 | F |
| | | 14 | 1 | 2 | 4 | 7 | 18 | F |
| | | 16 | 2 | 3 | 4 | 10 | 23 | G |
| 60 | 2' | 6 | | | | 1 | 4 | E |
| | | 8 | | | 1 | 3 | 7 | E |
| | | 10 | | 1 | 2 | 5 | 10 | F |
| | | 12 | | 2 | 4 | 6 | 15 | F |
| | | 13 | 1 | 2 | 4 | 7 | 18 | F |
| | | 14 | 1 | 3 | 4 | 8 | 21 | G |
| 63 | 2' | 6 | | | | 2 | 5 | E |
| | | 8 | | | 2 | 3 | 8 | E |
| | | 10 | | 2 | 2 | 5 | 13 | F |
| | | 11 | 1 | 2 | 3 | 6 | 15 | F |
| | | 12 | 1 | 2 | 4 | 7 | 17 | F |
| | | 13 | 2 | 2 | 5 | 8 | 20 | G |

Dekotiefe m · Tiefe m · Nullzeit min(') · Grundzeit min · Dekopausen min · Wiederholungsgruppe

Autor: Dr. Max Hahn


701 – 1500m ü. N.N.
Aufstieg mit 10m/min

Erst planen – dann tauchen !

**Oberflächenpause (h:min)**

| Wiederholungsgruppe | | | | | | | | | | | |
|---|---|---|---|---|---|---|---|---|---|---|---|
| G | 2:00 | 3:00 | 4:00 | 5:00 | 6:00 | 7:00 | 8:00 | 9:00 | 10:00 | 12:00 | 36h |
| F | 0:30 | 1:00 | 1:30 | 2:15 | 3:00 | 3:45 | 4:30 | 5:30 | 6:30 | 10:00 | 30h |
| E | | | 0:30 | 1:00 | 1:30 | 2:00 | 2:30 | 3:00 | 3:30 | 8:00 | 24h |
| D | | | | | 0:30 | 0:45 | 1:00 | 1:30 | 2:00 | 6:00 | 18h |
| C | | | | | | | 0:10 | 0:20 | 0:30 | 4:00 | 12h |
| B | | | | | | | | 0:10 | 0:20 | 2:00 | 6h |

**Zeitzuschläge (min)**

| Tiefe des Wiederholungstauchgangs (m) | | | | | | | | | |
|---|---|---|---|---|---|---|---|---|---|
| 12 | 66 | 60 | 54 | 47 | 41 | 35 | 30 | 25 | 20 |
| 15 | 52 | 47 | 42 | 37 | 32 | 27 | 23 | 19 | 16 |
| 18 | 43 | 39 | 34 | 30 | 26 | 22 | 19 | 16 | 13 |
| 21 | 36 | 33 | 29 | 26 | 22 | 19 | 16 | 13 | 11 |
| 24 | 31 | 28 | 25 | 22 | 19 | 16 | 14 | 12 | 10 |
| 27 | 27 | 25 | 22 | 19 | 17 | 14 | 12 | 10 | 8 |
| 30 | 24 | 22 | 20 | 17 | 15 | 13 | 11 | 9 | 8 |
| 33 | 22 | 20 | 18 | 16 | 14 | 12 | 10 | 8 | 7 |
| 36 | 20 | 18 | 16 | 14 | 12 | 11 | 9 | 7 | 6 |
| 39 | 18 | 17 | 15 | 13 | 11 | 10 | 8 | 7 | 6 |
| 42 | 17 | 15 | 14 | 12 | 10 | 9 | 8 | 6 | 5 |
| 45 | 16 | 14 | 13 | 11 | 10 | 8 | 7 | 6 | 5 |
| 48 | 15 | 13 | 12 | 10 | 9 | 8 | 6 | 5 | 4 |
| 51 | 14 | 12 | 11 | 10 | 8 | 7 | 6 | 5 | 4 |
| 54 | 13 | 12 | 10 | 9 | 8 | 7 | 6 | 5 | 4 |
| 57 | 12 | 11 | 10 | 9 | 7 | 6 | 5 | 5 | 4 |
| 60 | 11 | 10 | 9 | 8 | 7 | 6 | 5 | 4 | 4 |
| 63 | 11 | 10 | 9 | 8 | 7 | 6 | 5 | 4 | 3 |

Zeitzuschlag zur Grundzeit (min)

VDST e.V. · BARAK DA · FST

*Die von Dr. Max Hahn erstellte Bergseetabelle Deco 2000 erlaubt Tauchgänge in Höhen von 701 bis 1500 Meter über NN. Sie ist für eine Ausstiegsgeschwindigkeit von 10m/min berechnet. © VDST e. V. Der Abdruck erfolgt mit freundlicher Genehmigung des VDST e. V. Zu beziehen über: VDST-Tauchsport-Service GmbH, Tannenstr. 25, 64546 Mörfelden-Walldorf. Eine genaue Anleitungsbeschreibung in „Sporttauchen" von Axel Stibbe.*

**Nullzeiten und Dekompressionzeiten**
**Courbe de sécurité et temps de décompression**

701-2500 müM m s/mer

| Tiefe Prof. m | Zeit Durée Min. | Stufen Paliers 9 m | 6 m | 4 m | 2 m | RG GR |
|---|---|---|---|---|---|---|
| **9** | **238** | | | | 1 | G |
| **12** | **99** | | | | 1 | G |
| | 110 | | | | 4 | G |
| | 120 | | | | 8 | G |
| **15** | **62** | | | | 1 | F |
| | 70 | | | | 4 | G |
| | 60 | | | | 10 | G |
| | 90 | | | | 15 | G |
| **18** | **44** | | | | 1 | F |
| | 50 | | | | 4 | F |
| | 60 | | | | 11 | G |
| | 70 | | | | 19 | G |
| | 80 | | | 4 | 23 | H |
| | 90 | | | 8 | 25 | H |
| **21** | **30** | | | | 1 | E |
| | 35 | | | | 2 | F |
| | 40 | | | | 5 | F |
| | 45 | | | | 9 | G |
| | 50 | | | 1 | 13 | G |
| | 55 | | | 3 | 17 | G |
| | 60 | | | 5 | 20 | G |
| | 65 | | | 8 | 22 | G |
| | 70 | | | 11 | 23 | G |
| **24** | **22** | | | | 1 | F |
| | 30 | | | | 3 | F |
| | 35 | | | | 7 | F |
| | 40 | | | 2 | 11 | G |
| | 45 | | | 4 | 16 | G |
| | 50 | | | 7 | 19 | G |
| | 55 | | 1 | 10 | 21 | G |
| **27** | **18** | | | | 1 | D |
| | 20 | | | | 2 | E |
| | 25 | | | | 4 | F |
| | 30 | | | 2 | 7 | F |
| | 35 | | | 4 | 11 | G |
| | 40 | | 1 | 6 | 16 | G |
| | 45 | | 2 | 9 | 20 | G |
| **30** | **15** | | | | 1 | D |
| | 20 | | | | 3 | E |
| | 25 | | | 2 | 6 | F |
| | 30 | | 1 | 4 | 11 | G |
| | 35 | | 2 | 7 | 15 | G |
| | 40 | 1 | 5 | 10 | 20 | G |
| | 45 | 2 | 6 | 12 | 23 | G |
| **33** | **12** | | | | 1 | D |
| | 15 | | | | 2 | E |
| | 20 | | | 2 | 4 | F |
| | 25 | | 2 | 3 | 9 | G |
| | 30 | 1 | 3 | 6 | 14 | G |
| | 35 | 2 | 4 | 9 | 20 | G |
| | 40 | 3 | 6 | 12 | 23 | G |
| **36** | **10** | | | | 1 | D |
| | 15 | | | 1 | 3 | E |
| | 20 | | 1 | 3 | 6 | F |
| | 25 | 1 | 3 | 5 | 12 | G |
| | 30 | 3 | 3 | 8 | 19 | G |
| | 35 | 4 | 6 | 12 | 23 | G |

| Tiefe Prof. m | Zeit Durée Min. | Stufen Paliers 12 m | 9 m | 6 m | 4 m | 2 m | RG GR |
|---|---|---|---|---|---|---|---|
| **39** | **9** | | | | | 1 | D |
| | 12 | | | | | 3 | E |
| | 15 | | | | 2 | 4 | E |
| | 18 | | | 2 | 3 | 7 | F |
| | 21 | | | 3 | 4 | 10 | G |
| | 24 | | 2 | 3 | 6 | 15 | G |
| | 27 | | 4 | 4 | 8 | 18 | G |
| | 30 | 1 | 4 | 6 | 11 | 21 | G |
| **42** | **8** | | | | | 1 | D |
| | 12 | | | | 1 | 4 | E |
| | 15 | | | 1 | 3 | 5 | F |
| | 18 | | | 3 | 4 | 8 | F |
| | 21 | | 3 | 3 | 5 | 13 | G |
| | 24 | | 4 | 4 | 7 | 18 | G |
| | 27 | 1 | 5 | 5 | 9 | 21 | G |
| | 30 | 3 | 6 | 6 | 13 | 24 | G |
| **45** | **9** | | | | | 3 | D |
| | 12 | | | | 3 | 3 | E |
| | 15 | | | 3 | 3 | 6 | F |
| | 18 | | 2 | 3 | 4 | 11 | F |
| | 21 | | 4 | 4 | 7 | 16 | G |
| | 24 | 2 | 4 | 5 | 10 | 21 | G |
| **48** | **9** | | | | 1 | 4 | E |
| | 12 | | | 1 | 3 | 4 | F |
| | 15 | | 2 | 2 | 4 | 9 | G |
| | 18 | | 4 | 5 | 5 | 14 | G |
| | 21 | 2 | 4 | 4 | 9 | 19 | G |
| **51** | **6** | | | | | 2 | E |
| | 9 | | | 1 | 1 | 3 | F |
| | 12 | | 1 | 2 | 3 | 5 | F |
| | 15 | | 3 | 3 | 4 | 11 | G |
| | 18 | 2 | 4 | 4 | 7 | 17 | G |
| | 21 | 4 | 4 | 6 | 11 | 21 | G |
| **54** | **6** | | | | | 2 | D |
| | 9 | | | 1 | 3 | 3 | F |
| | 12 | | 2 | 3 | 3 | 7 | F |
| | 15 | 1 | 4 | 4 | 6 | 13 | G |
| | 18 | 3 | 4 | 5 | 9 | 19 | G |

Aufstieg: 10 m/Min. - Sicherheitshalt: 1 Min. bei 2 m
Remontée: 10 m/mn - Palier de sécurité: 1 mn à 2 m

© A.A. Bühlmann, Universität Zürich CH 1986

Reg. 16 - TAB - 1.95

**Wiederholungstauchgänge 0-2500 müM**
**Plongée successives de 0-2500 m s/mer**

0 - 2500 müM m s/mer

**Oberflächenpause**
**Intervalle de surface**

RG nach Ende des Tauchganges
GR à la fin de la plongée

| | | | | | | | | „0“ | ⊗ |
|---|---|---|---|---|---|---|---|---|---|
| | | | | | | | A | 2 | 2 |
| | | | | | | B | 20 | 2 | 2 |
| | | | | | C | 10 | 25 | 3 | 3 |
| | | | | D | 10 | 15 | 30 | 3 | 3 |
| | | | E | 10 | 15 | 25 | 45 | 4 | 3 |
| | | F | 20 | 30 | 45 | 75 | 90 | 8 | 4 |
| | G | 25 | 45 | 60 | 75 | 100 | 130 | 12 | 5 |
| H | 50 | 65 | 95 | 130 | 180 | 240 | 340 | 24 | 7 |
| H | G | F | E | D | C | B | A | Std/h | Std/h |

RG am Ende der Oberflächenpause
GR à la fin de l'intervalle de surface

**Beispiel:** Wiederholungsgruppe RG **F** nach Ende des Tauchganges
- nach 45 Minuten ist RG **C**, nach 90 Minuten **A** erreicht (Zwischenwerte abrunden)
- nach 8 Stunden kann ohne Zeitzuschlag getaucht werden
- 4 Stunden Wartezeit bis Flug

**Exemple:** Groupe répétitif GR **F** à la fin de la plongée
- après 45 minutes **F** devient **C**, après 90 minutes **F** devient **A** (prendre pour les valeurs intermédiaires celle immédiatement inférieure)
- après 8 heures on peut replonger sans ajouter de majoration
- temps d'attente avant l'envol: 4 heures

**Zeitzuschläge für Wiederholungstauchgänge**
**Majorations aux plongées successives**

(Zwischenwerte abrunden)
(prendre pour les valeurs intermédiaires celle immédiatement inférieure)

| RG GR | Vorgesehene Tauchtiefe in Meter / Profondeur en mètres de la plongée envisagée 9 | 12 | 15 | 18 | 21 | 24 | 27 | 30 | 33 | 36 | 39 | 42 | 45 | 48 | 51 | 54 | 57 |
|---|---|---|---|---|---|---|---|---|---|---|---|---|---|---|---|---|---|
| A | 25 | 19 | 16 | 14 | 12 | 11 | 10 | 9 | 8 | 7 | 7 | 6 | 6 | 6 | 5 | 5 | 5 |
| B | 37 | 25 | 20 | 17 | 15 | 13 | 12 | 11 | 10 | 9 | 8 | 7 | 7 | 6 | 5 | 5 | 5 |
| C | 55 | 37 | 29 | 25 | 22 | 20 | 18 | 16 | 14 | 12 | 11 | 10 | 9 | 8 | 7 | 7 | 6 |
| D | 81 | 57 | 41 | 33 | 28 | 24 | 21 | 19 | 17 | 15 | 14 | 13 | 11 | 10 | 9 | 9 | 8 |
| E | 105 | 82 | 59 | 44 | 37 | 30 | 26 | 23 | 21 | 19 | 17 | 16 | 14 | 13 | 12 | 11 | 10 |
| F | 130 | 111 | 88 | 68 | 53 | 42 | 35 | 30 | 27 | 24 | 21 | 19 | 17 | 16 | 15 | 14 | 13 |
| G | 154 | 137 | 115 | 91 | 72 | 57 | 47 | 40 | 35 | 31 | 27 | 25 | 23 | 21 | 20 | 10 | 18 |

**Beispiel:** RG **C** zu Beginn des Wiederholungstauchganges. Vorgesehene Tiefe 27 Meter = 18 Minuten - Zeitzuschlag zur Grundzeit des Tauchganges.

**Exemple:** GR **C** au départ de la plongée successive. Profondeur envisagée 27 mètres = 18 minutes de majoration à rajouter au temps de séjour au fond.

**Passfahrten und Fliegen ohne Druckkabine**
**Le passage d'un col et vol sans cabine pressuirsée**
(Zwischenwerte der Höhe aufrunden)
(Prendre pour les valeurs intermédiaires d'altitude celle immédiatement supérieure)

| Höhe (m) altitude (m) | RG am ENDE des Tauchgangs / GR à la FIN de la plongée A-D | E | F | G | H |
|---|---|---|---|---|---|
| **2500** | 1:00 | 1:00 | 1:00 | 1:00 | 2:00 |
| **3000** | 1:00 | 1:00 | 1:00 | 1.30 | 3:30 |
| **3500** | 1:00 | 1.00 | 1:30 | 3:30 | 5:30 |
| **4000** | 1:00 | 1:30 | 3:00 | 5:00 | 7:00 |

Alle Wartezeiten in Std:Min/
Tous les temps d'attende en hrs:min

**Anmerkungen:**
1. Kein zusätzlicher Aufstieg innerhalb der ersten Stunde des Intervalls nach dem TG!
2. Nach Ablauf dieser ersten Stunde: **gleichmässiger** Aufstieg zur Zielhöhe.
3. Zielhöhe darf **nicht vor** angegebener Wartezeit erreicht werden.

**Remarques:**
1. Pas de remontée pendant la première heure de l'intervalle après la plongée!
2. Après cette première heure: commencer une montée **régulière**.
3. L'altitude envisagée **ne doit pas être atteinte avant** le temps d'attente indiqué.

© A.A. Bühlmann, Universität Zürich CH 1986

Reg. 16 - TAB - 1.95

*Die ausführlichen Bühlmannschen Tabellen von 0 Meter bis 4500 Meter üNN finden sich im 12-seitigen Anhang des Buches „Tauchmedizin“ von A.A. Bühlmann, E.B. Völlm und P. Nussberger, das in 5. Auflage 2002 im Springer Verlag erschienen ist.*

Die Ablesung in der Bergseetabelle ist gleich wie bei der Normaltabelle. Hier zur Erinnerung nochmals die wichtigsten Regeln und Festlegungen:

*Tauchtiefe* ist die maximal erreichte Tiefe, auch wenn diese nur kurz aufgesucht wurde.

*Nullzeit:* Maximale Zeit, die ein Taucher auf einer bestimmten Tiefe bleiben darf, ohne beim Auftauchen eine Dekopause einlegen zu müssen. Sie gilt nur für die angegebene Höhenlage, den ersten Tauchgang, bei normaler Belastung und keinem allzu großen Wärmeverlust.

Ein zusätzlicher Sicherheitsstopp ist, wie inzwischen üblich, auch bei nicht dekopflichtigen Tauchgängen zu empfehlen.

*Grundzeit* ist die Zeit vom Abtauchen bis zum Beginn des Aufstiegs.

Ist die Aufstiegsgeschwindigkeit langsamer als 10 m/min oder wird der Aufstieg unterbrochen, muss die Aufstiegszeit bis zum Erreichen der Dekostufe dazugerechnet werden.

*Wiederholungsgruppe:* Der Buchstabe beinhaltet eine Angabe über die Höhe der Übersättigung der Körpergewebe am Ende des Tauchgangs und hat einen Einfluss auf den Zeitzuschlag bei folgenden Tauchgängen oder der Wartezeit bis zum Flug, gegebenenfalls auch Passfahrten.

*Dekopausen (Dekompressionspausen)*, in denen dem Körper die Zeit gegeben wird, die Stickstoffübersättigung der Gewebe abzubauen, ohne dass gefährliche Blasen entstehen.
*Auftauchzeit* ist die Uhrzeit, an der die Oberfläche wieder erreicht wird, ab dann beginnt die für die Entsättigung wichtige Oberflächenpause.
*Austauchzeit* ist die Zeit des gesamten Aufstiegs einschließlich der Dekopausen oder Sicherheitsstopps.
*Oberflächenpause* ist die Zeit zwischen zwei Tauchgängen. Ist sie kürzer als in der Tabelle angegeben, muss der Folgetauchgang zum vorherigen Tauchgang dazugezählt werden, so, als wenn keine Unterbrechung stattgefunden hätte.
*Wiederholungstauchgang* ist ein Tauchgang, bei dem nach Tabelle ein Zeitzuschlag erforderlich ist.
*Zeitzuschlag* ist eine Zeit, die der geplanten Tauchgangsdauer zugeschlagen werden muss, weil vom vorherigen Tauchgang noch eine Restsättigung vorhanden ist.
*Kälte und kurze Belastung während des Tauchgangs:* Austauchen nach der nächsthöheren Zeitstufe.
*Längere Belastung während des Tauchgangs:* Austauchen mit der um den Faktor 1,5 verlängerten Grundzeit.
Größte Tiefe des Tauchgangs zu Beginn.

Folgetauchgänge nicht tiefer als der erste Tauchgang, möglichst flacher!
Ist die Tiefen- und Zeitstufe nicht in der Tabelle enthalten, zur nächsthöheren Stufe gehen (größere Sicherheit). Ausnahme ist hier die Ermittlung des Zeitzuschlages. Hier wird die nächstgeringere Tiefe in der Tabelle aufgesucht, da dann die Zeitzuschläge länger werden (größere Sicherheit).
*Flugverbot:* Diese Zeit muss bis zum Flug gewartet werden, da der Kabinendruck im Flugzeug auf etwa 0,75 bar abgesenkt wird, was noch nachträglich zu einem Dekounfall führen kann, wenn die Gewebe noch nicht ausreichend entsättigt sind.
Ausreichend trinken (kein Alkohol, Kaffee), vor und nach dem Tauchgang

**Achtung!**

**Das Flugverbot gilt auch, wenn nach dem Tauchgang nicht geflogen, sondern ein Pass überquert werden soll.**

keine großen Anstrengungen, kein heißes Bad, keine Saunabesuche.
Ebenso muss auch nach einer Bergseetabelle ausgetaucht werden, wenn man zwar auf Meereshöhe taucht, anschließend aber größere Höhen aufsucht (Bergtour oder Passfahrt).

## Technische Voraussetzungen für Bergseetauchgänge

Grundsätzlich gelten die gleichen Voraussetzungen wie bei normalen Tauchgängen. Die Ausrüstung jedes Teilnehmers muss vollständig, angepasst, bekannt und gewartet sein.
Da in solchen Gewässern meist mit niederen Temperaturen zu rechnen ist, muss der Atemregler kaltwassertauglich sein, zudem ist eine alternative Luftversorgung zu empfehlen.
Der Kälteschutzanzug muss ebenso der Gewässertemperatur angepasst sein.
Wird ein mechanischer Tiefenmesser verwendet, muss er einen einstellbaren Nullpunkt haben. Auf Meereshöhe justiert, würde er in 2000 m Höhe sonst –2 m anzeigen. Vereinzelt werden noch Tiefenmesser nach Boyle-Mariotte eingesetzt, im Prinzip ein einseitig offenes, luftgefülltes Röhrchen. Unter Druck wird die Luft komprimiert, die Trennlinie Luft-Wasser über einer Skala dient als Anzeige. Da die größte Volumenveränderung zwischen 0 und 10 Meter erfolgt, ist die Anzeige hier auch am genauesten. Physikalisch interessant ist dabei, dass solche Tiefenmesser in Bergseen bereits die äquivalente Tiefe anzeigen, weil auch die Luftsäule im Röhrchen dem veränderten Luftdruck folgt. Zum Ablesen in der Bergseetabelle darf daher nicht die angezeigte Tiefe verwendet werden; gefährlich ist es aber nicht, da zu viel angezeigt wird.
Am einfachsten ist es, wenn mit einem bergseetauglichen Tauchcomputer getaucht wird. Dieser misst dauernd den Luftdruck und schaltet bei abgesunkenem Luftdruck in den entsprechenden Bergseemodus, wobei jede Spitze einem Höhenwert entspricht (In der Betriebsanleitung aber prüfen, ob die Umschaltung nicht manuell erfolgen muss!). Stimmt dieser Höhenwert nicht mit der aktuellen Höhenlage überein, liegt das am Luftdruck, der zwischen Tief- und Hochdruck um bis zu ± 50 mbar (entsprechend ± 500 m) abweichen kann.
Auch abweichende Anzeigen zwischen gleichen Computern müssen kein Fehler sein. Jedes Gerät hat zulässige Toleranzen. Gehen die bei einem Computer nach „Plus", bei einem anderen nach „Minus", können abweichende Anzeigen erscheinen, die für die Sicherheit aber unerheblich sind.

## Gefahren beim Tauchen in Bergseen

Zu den „normalen" Gefahren des Tauchens kommen in den Bergen noch weitere hinzu.

- Erschöpfung, es sei denn, man kann bis zum Ufer des Gewässers fahren. Sind aber noch einige Aufstiegsmeter zu Fuß zu absolvieren, könnten die Energiereserven bereits vor dem Tauchgang erschöpft sein. Manchmal hilft es, eine etwas kleinere Flasche zu verwenden und lieber einen kürzeren Tauchgang zu machen.

### *Die Alpen: Paradebeispiel eines Hochgebirges*

Durch große tektonische Verschiebungen entstand in den letzten 130 Millionen Jahren mit einer westöstlichen Ausdehnung von 1100 km und einer durchschnittlichen Breite von 150 bis 200 km Europas größtes Gebirge, das mit einer Vielzahl von Seen und Fließgewässern für viele den besondere Reiz des Bergseetauchens bietet.

### *Klima und Schneegrenze*

Hochgebirge sind gekennzeichnet durch ihre orografische Schneegrenze, oberhalb derer die Niederschläge immer als Schnee fallen und auch bei unbehinderter Sonneneinstrahlung als Schnee liegen bleiben. Dies ist die Zone des ewigen Schnees, die auch als Nival bezeichnet wird. In der Verdichtung können sich hier mächtige Schneefelder und über lange Zeitspannen noch mächtigere Gletscher aufbauen, die nur wenigen Lebewesen Lebensraum bieten. Die augenblickliche Schneegrenze dagegen ist diejenige, die jahreszeitlich bedingt im Winter oft mehrmals durch unser Gebiet wandert.

In den europäischen Alpen liegt die orografische Schneegrenze zwischen 2400 m üNN im Süden und 3100 m üNN in den Ötztaler Alpen. Oberhalb dieser klimatischen Schneegrenze liegt ewiger Schnee. An Nordhängen oder in Kluften und schattenreichen Tallagen kann die Schneegrenze weit herabgezogen sein. Zusätzlich können von Gletschern und Schneefeldern kalte Luftmassen ins Tal fließen und die regionalen Verhältnisse bestimmen. Wer im Gebirge unterwegs ist, muss mit schnellen Klimawechseln, Temperaturstürzen und ganzjährig mit überraschenden Schneefällen rechnen. Es ist daher besonders beim Bergseetau-

*Historische Aufnahme einer tief ins Tal reichenden Gletscherzunge. Durch die Klimaveränderungen beobachtet man bei vielen Alpengletschern ein dramatisches Abschmelzen und einen Rückgang der Gletscher.*

chen wichtig, sich bei örtlichen Tauchschulen und Vereinen kundig zu machen.

### *Gletscherwasser*

Für die Verfügbarkeit von Wasser ist die mit der Jahreszeit wechselnde Temperatur unterhalb der Schneegrenze verantwortlich. Doch auch hier sind die eisfreien Perioden in den Gewässern wesentlich kürzer als im Flachland. Meistens eignen sich deshalb nur wenige Gewässer oberhalb von 2000m in der Zeit von Ende Juni bis Anfang September zum Tauchen. Doch nicht nur das Klima ist hier von Bedeutung: Meist sind die Gewässer sehr flach und so weit von Gletschern gespeist, durch diese Gletschermilch auch sehr trübe. Verantwortlich sind hierfür feinste Mineralienstäube, Erd- und Gesteinspartikel, die im geschmolzenen Gletschereis eingelagert waren und das Wasser graugrün eintrüben.

- Zum Aufstieg die richtige Bekleidung und vor allem das richtige Schuhwerk wählen!
- Sonnenbrand und Sonnenstich durch die verstärkte Strahlung, die man aber durch die meist etwas niedere Temperatur nicht oder zu spät merkt! Hautschutz, Hut und Sonnenbrille!
- Kälte, die nach dem Tauchgang im kalten Wasser noch zusätzliche Reserven fordert.
- Wetterumschlag, im Flachland kaum empfunden, kann in den Bergen in kürzester Zeit dramatische Auswirkungen haben. Eben noch schönster Sonnenschein, kurze Zeit später Schneetreiben, fehlende Sicht und keine Ortskenntnis; gut wenn wenigstens dann eine angepasste Kleidung vorhanden ist. Vor Bergtouren unbedingt den Wetterbericht verfolgen!

Auf jeden Fall auch an die Sicherheitsausrüstung denken: Handy, Lampe, Feuerzeug, Signalpfeife, etwas Essbares, Verbandszeug und Karte. Hinterlassen, wo man ist und wann man ungefähr zurückkommt. Bei der Notfallplanung berücksichtigen, dass auch ein Hubschrauber nicht überall landen kann, Hilfe daher etwas länger dauert.

## Umweltschutz

Auch wenn der Bergsee ziemlich einsam liegt, irgendeinen Besitzer gibt es immer. Auf jeden Fall also erkundigen, ob eine Tauchgenehmigung erforderlich ist.

Bergseen sind meist Seen mit geringem Nährstoffgehalt und kurzer Wachstumsphase, jede Schädigung benötigt daher sehr viel längere Zeit zum Verheilen.

Boden nur betreten, wo kein Schaden zu erwarten ist, im Wasser sauber tarieren, nie den Grund berühren oder aufwühlen.

Keinen Abfall hinterlassen, den Tauchplatz so verlassen, wie man ihn vorgefunden hat, höchstens noch sauberer!

## Höhenzonierung in den Alpen

Bei Bergseen sollte man sich schon bei der Planung von Tauchgängen verstärkt auch mit dem Umfeld der Gewässer auseinander setzen, um keine Enttäuschungen zu erleben. Direkte Zuflüsse, Bodenverhältnisse, landwirtschaftliche, industrielle und touristische Nut-

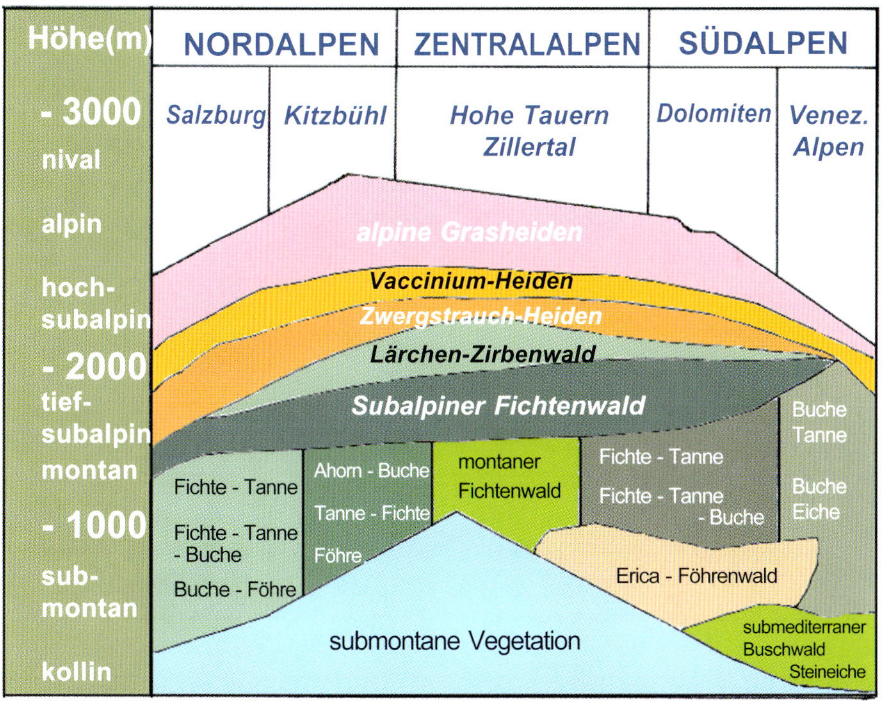


*Die Höhenzonierung der Alpen zeigt sich deutlich an den Veränderungen der Vegetation. Dabei ergeben sich auch klimabedingte Verschiebungen zwischen den Nord-, Zentral- und Südalpen (Vaccinium-Heiden, Rausch- und Preiselbeer-Heiden mit Seslerio sind besonders höhenangepasste Grasarten der alpinen Grasheiden).*

zungen spielen ebenso eine Rolle wie die natürlichen Einflüsse des Laubfalls, der Erosion und des Sedimenteintrags. Deutlich lassen sich die unterschiedlichen Temperaturverhältnisse in den Alpen an den verschiedenen Pflanzengesellschaften der einzelnen Höhenstufen und in Nord-Süd-Richtung erkennen.

## Kollin und Montan

In vereinfachter Form betrachtet, durchquert man von Norden kommend die Voralpenbereiche mit kollinen und submontanen Zonen, in denen viel Landwirtschaft betrieben wird und die Seen wichtige Naherholungsziele oder Urlaubsgebiete sind. Diese Beeinflussungen machen sich durch Trübungen und stärkere Algenbildung in den Sommerzeiten bemerkbar. Die Gewässer unterliegen den jahreszeitlichen Rhythmen und weisen bei entsprechender Tiefe Sprungschichten auf.

## Montan

Nachfolgend – vom Tal kommend – durchquert man die Laub- und Mischwälder der montanen Stufe, die sich in dieser Form auch in allen Mittelgebirgen wie z.B. Harz, Schwäbische Alb oder Thüringer Wald findet. Die Gewässer weisen meist schmälere Schilfzonen auf, vielfach stößt der Wald bis an die Uferbereiche.Soweit klares Quellwasser diese Seen speist, findet man hier schon die berühmten Sichtweiten der Bergseen. Diese typisch oligotrophen, d.h. wenig von Nährstoffeinwaschungen beeinträchtigten Gewässer haben die charakteristische Blaufärbung und sind klar und kalt. Das Blau des Wassers ist auf geringes Algenwachstum zurückzuführen. Sind mehr Nährstoffe vorhanden, so wechselt die Wasserfarbe ins grünliche, bei stärkerem Sedimenteintrag in eine bräunlich grüne Trübung. Gelöste Humusstoffe können

*Diese wenigen Beispiele zeigen die vielfältigen Seenangebote der montanen und subalpinen Stufe, die mit ihrem gesamten Umfeld einen hohen Freizeitwert bieten. Kleinere Weiher von geringerer Tiefe sind wahre Naturaquarien, deren üppiger Bewuchs selbstverständlich nur umsichtige Naturbeobachtung in kleinsten Gruppen zulässt.*

auch zu bräunlichen Gewässern führen, die ebenfalls sehr klar sein können. Vielfach findet man in Gewässern dieser Zone versunkene Baumstämme, die gespenstische UW-Szenen zaubern.

## Subalpin

In der subalpinen Stufe verschwinden die meisten großen Laubbaum-Arten wie Eichen und Buchen. Die Nadelbäume, wie Lärchen und Fichten, bestimmen den Wald. Diese Zone wird durch Almbetrieb noch umfassend genutzt. Jedoch nur bei direktem Angrenzen von Weiden und Ställen an kleinere Gewässer werden diese von den Düngemitteleinträgen beeinträchtigt. Dies sollte man vor allem bei der Wahl von Trinkwasserquellen berücksichtigen.
Die betauchbaren Gewässer in diesen Bereichen sind meist flacher und bieten oft herrlich grüne Bodenbedeckungen bei großer Klarheit. Getrübt werden können sie allerdings durch zu hohe Frequentierung der umliegenden Hänge während der Wintersportzeit. Fällt, so wie in den letzten Jahren, weniger Schnee und die Pisten werden bis zu den Grasnarben abgefahren, so werden durch die fortschreitende Bodenerosion bei nachfolgenden Niederschlägen sowie bei Trockenheit durch den Wind große Mengen Staub und feine Erde in die Gewässer transportiert. Nicht nur die Sicht, sondern das ganze ökologische Gleichgewicht dieser empfindlichen Gewässer kann dann gestört werden.

## Waldgrenze und darüber

Bei etwa 1700 Meter üNN beginnen die hochstämmigen Fichtenwälder auszudünnen. Etwas oberhalb 2000 m üNN sind die Klimabedingungen für hochstämmige Bäume nicht mehr ausreichend, sodass nur noch Zwergsträucher, Heidegewächse und Gräser für eine geschlossene Pflanzendecke sorgen. Hier findet man neben künstlichen Stauseen meist nur noch kleinere Karseen mit geringem Tier- und Pflanzenbesatz. Soweit sie von Quellen gespeist werden, sind sie besonders klar, kalt und nährstoffarm. Werden sie aber direkt von den Schmelzwässern eines Gletschers versorgt, sind die Gewässer milchig trüb, die Sicht reicht meist nicht bis zur Hand. Erst wenn die Schmelzwässer durch reinigende Geröllhalden, in denen sich das Sediment absetzen konnte, gesickert sind, werden diese mit Gletscherwasser gefüllten Karseen wirklich klar.
Alle höher gelegenen Seen bieten nur eine kurze Sommertauchzeit, da sie den Rest des Jahres zugeeist sind. Man sollte sich stets überlegen, ob Anstieg, Zugang und das Gewässer selbst die Anstrengungen für einen solchen Tauchgang rechtfertigen. Häufig lassen sich solche Gewässer auch schnorchelnd erkunden.

*Mit zunehmender Höhe nimmt auch die Üppigkeit der Tierwelt ab. Doch vermitteln selbst Insektenlarven, wie diese Köcherfliegenlarven (m.r.), Natur beobachtenden TaucherInnen wertvolle Hinweise über den Gewässerzustand. u.l.: Als schönster Molch Europas gilt das Männchen des Bergmolches in seiner prächtigen Balzfärbung. u.r.: Kaum mehr wahrzunehmen ist der Wasserkörper in manchen Berggewässern. m.l.: Geteilte Meinungen herrschen über das Berühren von Tieren unter Wasser.*

## Fragen zu Bergseetauchen

1. Was könnte der besondere Reiz an Bergseetauchgängen sein?
2. Was ist der Unterschied zwischen Bergsee- und Normaltauchgängen?
3. Welche Bergseetabellen gibt es?
4. Wann kann ein am Tauchcomputer einstellbarer Bergseemodus noch interessant sein?
5. Wann muss nach der Bergseetabelle getaucht werden bzw. der Computer auf Bergseemodus umgestellt werden?
6. Wie ändert sich der Umgebungsdruck in der Höhe?
7. Wann droht eine Vereisung des Atemreglers?
8. Welche Möglichkeiten gibt es, wenn kein Tauchcomputer und keine Bergseetabelle verfügbar sind?
9. Was ist aus ökologischer Sicht (nicht nur) bei Bergseetauchgängen zu beachten?
10. Was ist bei der Notfallplanung bei Bergseetauchgängen zu beachten?

# Antworten zu Bergseetauchen

1. Die durch das – meist nährstoffarme – Wasser gute Sicht und die oft landschaftlich reizvolle Umgebung.

2. Durch den geringeren Luftdruck verändert sich das Dekompressionsverhalten der Gewebe, Nullzeiten verkürzen sich, Dekozeiten verlängern sich. Zusätzliche Gefahren sind beispielsweise der geringere $O_2$-Partialdruck, Anstrengung, falsche Ausrüstung und Wetterumschwünge.

3. Deko 2000-Normaltabelle 0 - 700 Meter
   Deko 2000-Bergseetabelle 701 - 1500 Meter
   Bühlmann-Hahn-Tabellen über 1500 Meter

4. Wenn ich konservativer tauchen will.

5. Wenn ich in einem Bergsee tauche oder nach einem Tauchgang unter Normaldruck eine größere Höhe aufsuche (Passfahrt, Bergwandern, Flug)

6. Er sinkt um etwa 10% pro 1000 Meter Höhe.

7. Bei feuchter Flaschenluft, Temperaturen unter +10 °C, großer Tiefe oder hohem Luftverbrauch.

8. Den Korrekturfaktor errechnen:

   $$\frac{\text{Druck in Meereshöhe (1 bar)}}{\text{Druck in Bergseehöhe (0,X bar)}} = K_f$$

   und dann den am Tiefenmesser angezeigten Tiefenwert damit multiplizieren (das Ergebnis muss größer 1,0 sein!). Mit dieser Tiefe dann mit der Normaltabelle arbeiten. Die Nullzeiten müssen sich verkürzen, die Dekozeiten verlängern. Der Sicherheitsstopp von 5 Minuten auf 3 Meter muss auch innerhalb der Nullzeit eingehalten werden. Eventuell Kälte und Anstrengung zusätzlich berücksichtigen.

9. Durch die Nährstoffarmut und die niedrigeren Temperaturen erfolgt das Pflanzenwachstum langsamer, Schäden heilen deshalb auch langsamer. Abstand halten, einwandfrei tarieren, nichts aufwühlen, nichts anfassen.

10. Der längere Rettungsweg, vor allem, wenn an schlecht zugänglichen Seen getaucht wird, u.U. kein Handy-Empfang.

# Suchen und Bergen

An Land etwas zu suchen hat schon seine Tücken. Noch schwerer ist es unter Wasser. Ein begrenztes Gesichtsfeld oder gar keine Sicht zwingen uns Fähigkeiten einzusetzen, die wir sonst meist wenig trainieren. Oft können die gesuchten Gegenstände dann nur ertastet werden. Tiefe, Strömungen und sich dadurch ständig verändernde Bodenstrukturen und deren meist dichter Bewuchs erschweren die Suche. Ungenaue Ortsangaben machen die Suche zusätzlich eher zu einem Glücksspiel. Gezieltes, systematisches Vorgehen ist hier angesagt und nicht zuletzt Zurückhaltung beim Bergen, denn die Gewichtsbelastungen und die damit verbundenen Gefahren werden häufig unterschätzt.

Nicht die spektakulären Aktionen beispielsweise um die „Titanic", die „Bismarck" oder andere berühmte Schiffe, die mit riesigem technischen Aufwand gesucht und betaucht wurden, sind hier das Thema. Ebenso fällt das Suchen und Bergen größerer Gegenstände wie Kraftfahrzeuge, Bagger und Ähnliches wiederum nur in das Aufgabengebiet der Berufstaucher, die hierzu speziell ausgebildet **und versichert** sind. Auch die Suche nach archäologischen Relikten und Kriegsmaterial aller Art ist tabu.

Suchmethoden, die mit Seekarte, GPS, Sonar, Metallsuchgerät und Echolot arbeiten, erfordern spezielle Kenntnisse und Erfahrungen und werden daher hier nicht berücksichtigt.
Der Inhalt dieses Beitrages befasst sich mit den ganz alltäglichen Aufgaben, beispielsweise wenn ein Ausrüstungsteil beim Hineinspringen vom Boot verloren ging oder auch einmal ein verzweifelter Badegast die am Ufer stehenden Taucher bittet, das beim Husten während des Schwimmens verlorene Gebiss zu suchen.

*Erfolgshindernisse: Schlechte Sicht...*

*...dichter Pflanzenbewuchs...*

*...zerklüftete Riffe...*

*...Mulmgefahr.*

Hier dann eifrig sofort ins Wasser zu springen und ziellos umherzutauchen bringt meist keinen Erfolg, sondern wirbelt nur viel Sediment auf, das die spätere systematische Suche erschwert. Erste, wichtigste Maßnahme ist die möglichst genaue Festlegung des Suchbereiches. Zwar ist der Streich der Schildbürger sicher nur eine Sage, die beim Herannahen des Feindes ihre Kirchenglocke ins Boot luden und im See versenkten, und, um den genauen Ort später wieder zu finden, eine Kerbe in die Bordwand schnitzten. Die von Zuschauern oder den Betroffenen gemachten Ortsangaben sind aber meist ähnlich vage.
Dieses Sonderbrevet soll Anregungen geben, die unterschiedlichsten Suchtechniken systematisch einzusetzen um die Erfolgschancen zu verbessern. Einige Teile sind auch im Sonderbrevet Orientierung enthalten, da Suchen im Grunde auch ein Orientieren ist.
Suchen und Bergen unter Übungsbedingungen bringt viel Erfahrung, zusätzliche Sicherheit und Spaß an unserem Hobby, auch wenn es nicht zu den Pflichtseminaren der Verbände gehört.

## Anforderungen

Das Suchen und Bergen setzt Erfahrungen beim Tauchen voraus: Der Taucher darf weder bei plötzlich fehlender Sicht oder Dunkelheit, noch bei undefiniertem Kontakt unter Wasser unsicher werden, sonst muss die Suche sofort abgebrochen werden.

*Natürliche Orientierungshilfen beachten.*

*Landschaftsstrukturen mit einbeziehen.*

*Richtige, signalfarbene, geflochtene Leinen verwenden.*

*Archäologische Fundstücke dürfen nicht geborgen werden.*

Die Ausrüstung muss vollständig, angepasst, bekannt und funktionsfähig sein. Kein Ausrüstungsteil (z.B. Fini, Konsole, Zweitautomat) darf vom Körper abstehen, um ein Verhängen an Hindernissen zu verhindern.
Sicherungsleinen müssen in ausreichender Menge bereitgestellt werden. Sie sollen zur Vermeidung des Dralls geflochten, signalfarbig, schwimmfähig und so dick sein, dass sie auch mit Neoprenhandschuhen gut fühlbar sind. Drahtseile sind verboten!
Achtung: Unbedingt Pflicht ist ein scharfes Messer mit Sägeschliff, da es möglich ist, dass sich der Taucher in einer Leine verhängt. Alle bei der Übung verwendeten Grundgewichte müssen so leicht sein, dass der Taucher sie auch im Notfall mit seinem Jacketauftrieb zur Oberfläche bringen kann, wenn er sich hoffnungslos in der Leine verstrickt hat. Niemals darf die Führungsleine unter Wasser befestigt werden, beispielsweise an dem gefundenen Übungsobjekt. Zur Kennzeichnung des Objektes soll der Taucher daher eine zusätzliche Markierungsboje dabeihaben. Auch darf kein Objekt am Jacket befestigt werden, wenn das Gewicht größer ist als der Restauftrieb des Jackets. Die Taucherregel „Tauche nie alleine“ gilt natürlich auch hier. Bei schlechter Sicht und besonderen Suchmethoden mit Leine wird der Taucher aber oft alleine tauchen. Er ist dann aber durch einen genau eingewiesenen Leinenführer gesichert, ein voll ausgerüsteter Sicherungstaucher muss bereitstehen. Der Taucher muss, wenn noch etwas Unterwassersicht vorhanden ist, so tariert sein, dass er leichten Auftrieb hat und so der Flossenschwall etwas nach oben gerichtet ist, damit möglichst wenig Sediment aufgewirbelt wird. Bei Sicht Null kann er etwas schwerer sein, um besseren Kontakt zum Boden zu haben.

## Standortbestimmung

Hat man bei einem Tauchgang einen interessanten Punkt unter Wasser gefunden, den man unbedingt wiederfinden möchte, so gilt es, diesen Punkt möglichst genau zu bestimmen. Dazu wird zuerst der höchste und tiefste Punkt mit dem Tauchcomputer gemessen, so ist bei abfallendem Grund schon über die Tiefenlinie ein Wiederfinden möglich.

**Peilen**

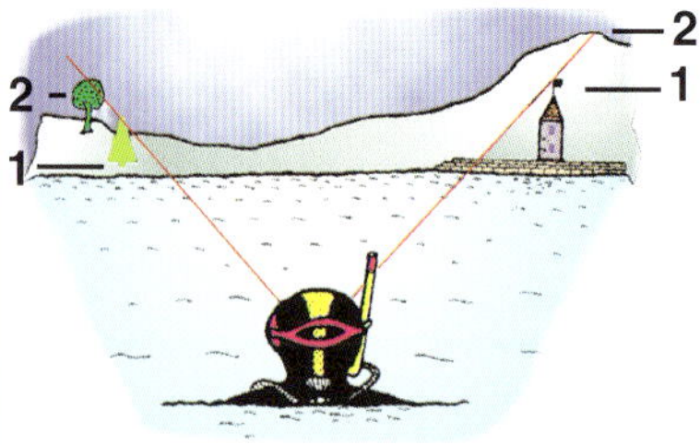


Kreuzpeilung ohne Hilfsmittel zu je 2 markanten Punkten, die zur Deckung zu bringen sind.

*Suchen: Mit Gegenwinkel peilen!*

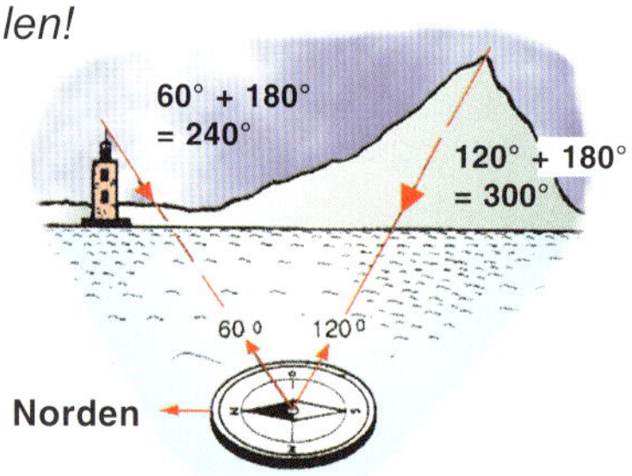


Kreuzpeilung mit Kompass: 2 markante Punkte werden in ihrer Richtung zu Nord eingemessen.

Auch die Umgebung hilft möglicherweise durch Auffälligkeiten wie Riffe, Steilwände oder Untiefen dabei. Ist der Punkt in Ufernähe, taucht man einen geraden Kompasskurs zum Ufer und merkt sich dann dort den Ausstiegspunkt.

Ist der gesuchte Ort nicht in Ufernähe und auch keine Markierungsboje greifbar, taucht man auf, um an der Oberfläche eine Kreuzpeilung zu machen. Bei Strömung und Wind sollte dies aber schnell gehen, um einen Fehler durch die Abdrift zu vermeiden.

Für die Kreuzpeilung sucht man sich markante Punkte an Land, möglichst in der Nähe, die zur Deckung gebracht eine Peillinie ergeben. Sind keine solche Fluchtpunkte vorhanden, werden einzelne Punkte an Land mit dem Kompass angepeilt. Der Winkel zwischen den Peilpunkten sollte möglichst 90 Grad sein, um schleichende Schnitte und dadurch Ungenauigkeiten zu verhindern. Die erreichbare Genauigkeit hängt von dem Abstand und der Form der angepeilten Punkte ab, ist aber zwangsläufig durch die kurze Peillinie am Kompass und eine eventuell unruhige Wasseroberfläche immer etwas ungenau. Am genauesten ist noch die Fluchtlinie zweier nicht zu entfernter und zur Deckung gebrachter Punkte.

Um den gesuchten Punkt wiederzufinden, schwimmt man an der Oberfläche mit Gegenkurs (+ oder - 180°) auf einer Peillinie, bis die zweite Peilung erreicht ist. Hilfreich ist hier natürlich ein Boot, um mehr Ruhe bei der Peilung und der Einweisung zu haben. Da kaum anzunehmen ist, dass das Ziel sofort punktgenau gefunden wird, setzt man eine Boje, die dann Ausgangspunkt für die weitere Suchaktion ist.

Am Grund vergleicht man zuerst die Tiefe mit der vorher gemessenen Tiefe. Bei abfallendem Grund ist möglicherweise schon so eine Korrekturrichtung zu erkennen. Durch Verfolgen der Tiefenlinie nach beiden Seiten müsste man wohl das Ziel finden.

Schwieriger wird es bei konturlosem, ebenen Boden, hier wird ausgehend vom Grundgewicht der Boje kreisförmig oder spiralig um den Startpunkt gesucht.

## Suchmethoden

### Senkrecht abtauchen

Will man einem kurz vorher verlorenen Gegenstand folgen, der aber bereits außerhalb der Sichtweite ist, soll man sich beim Abtauchen spiralig um die eigene Achse drehen, ähnlich dem Drall bei einem Geschoss. So ist sichergestellt, dass man tatsächlich senkrecht abtaucht. Bei dem üblichen Abtauchen hat man bereits durch den leicht nach hinten geneigten Kopf eine Abdrift in Blickrichtung.

*Abb. rechts:*
*Vermeidung von Abdrift beim Abtauchen durch spiralförmige Drehungen.*

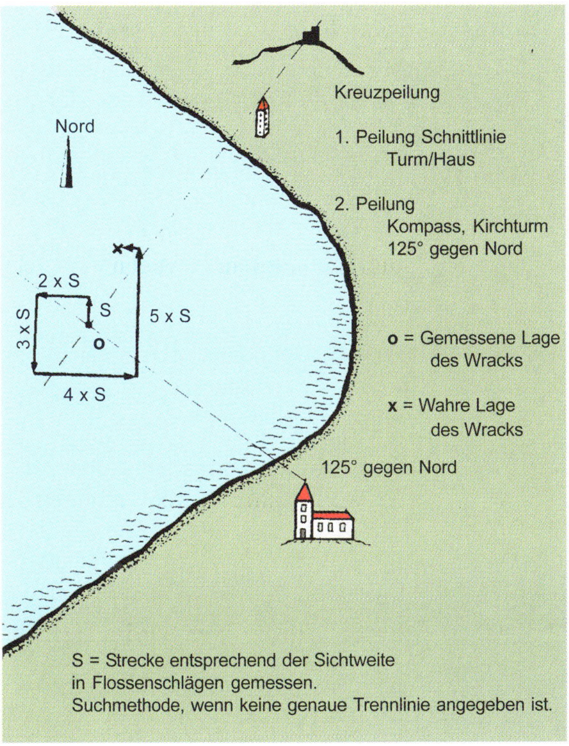


### Suche mit größer werdenden Quadraten

Sie wird eingesetzt, wenn noch etwas Unterwassersicht vorhanden ist. Sie erfordert einen Kompass und etwas Sicherheit bei seiner Handhabung. Vom Startpunkt am Grund aus taucht man bis zur Grenze des Sichtbereiches nach Kompass in die nächste Hauptrichtung (z.B. Norden), dabei Flossenschläge zählen oder genaue Zeit stoppen. Dann eine 90 Grad-Wendung in die neue Hauptrichtung (z.B. Westen). In dieser Richtung wird doppelt so weit getaucht wie in der ersten Richtung (nach Flossenschlägen

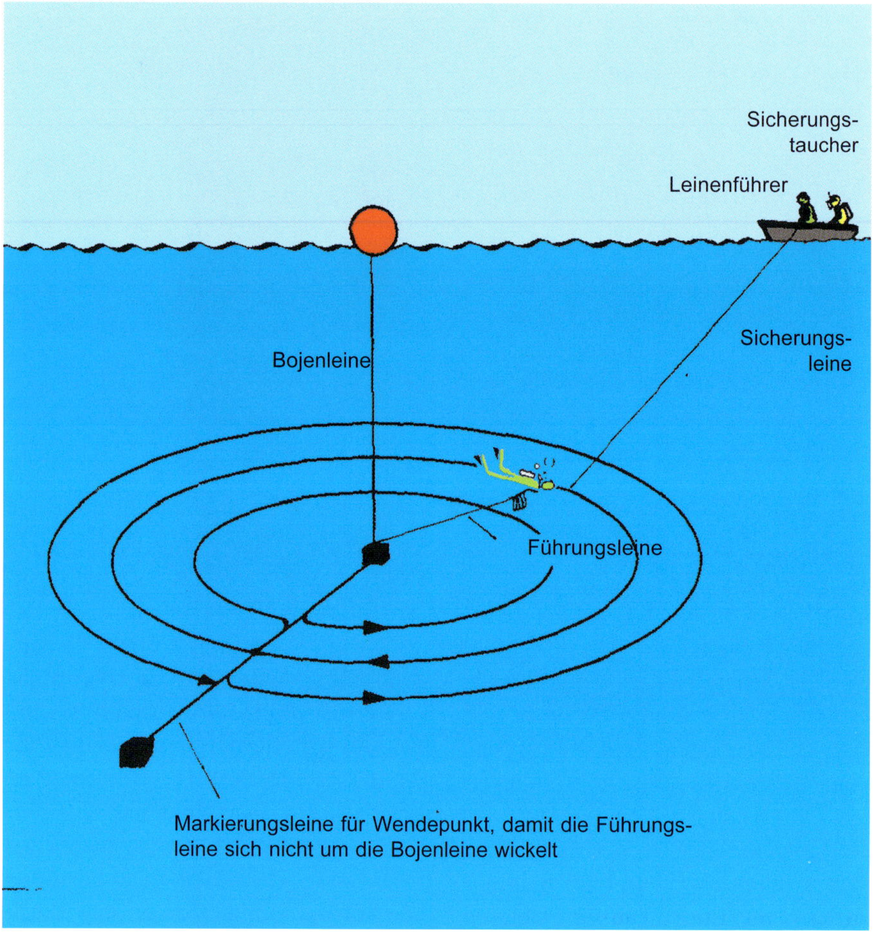


oder Zeit). Dann wieder eine 90 Grad-Wendung (Süden) und dreifache Strecke nach Flossenschlägen oder Zeit usw. Das Suchquadrat vergrößert sich so bei jeder Wendung entsprechend der Unterwassersicht. Die Methode ist sehr effektiv, es können sich aber sehr schnell große Tauchstrecken ergeben.

## Kreisförmiges Suchen

Hier werden am Grund Vollkreise getaucht, geführt von einer Leine, die am Grundgewicht der Boje befestigt ist. Nach jedem Vollkreis, erkenntlich an einer ausgelegten Markierungsleine oder einer Kompassrichtung, wird die Leine entsprechend der Unterwassersicht verlängert und so der Kreisdurchmesser vergrößert. Wird der Taucher durch einen Signalmann gesichert, sollte bei jeder Verlängerung auch die Richtung gewechselt werden, um ein Verwickeln der Führungs-, Bojen- und Sicherungsleinen zu verhindern.

Als Grundleine:
Nicht schwimmend, Dichte größer 1
Als Signalleine:
Schwimmleine, Dichte kleiner als 1
Forderungen:
Signalfarbig, evtl. nachleuchtend, maximal 50 m lang, mit Längenmarkierungen.
Festigkeit mindestens 2000 N, Durchmesser mindestens 8 mm, um auch mit Handschuhen greifbar zu sein!
(Forderung der Berufsgenossenschaft in der VBG 39: 10 – 14 mm)

## Suchen mit Leine

Das systematische Absuchen bei schlechter Sicht und bei kleinen zu suchenden Objekten erfolgt am erfolgversprechendsten durch Taucher, die von der Oberfläche aus mittels Leine geführt werden. Generell gilt zwar auch hier der Grundsatz „Tauche nie alleine“, in Grenzfällen, bei einer Sicht nahe Null, kann aber ein Tauchpartner kaum zusätzliche Sicherheit bieten, da er eine Notlage nicht oder zu spät erkennt. In diesen Fällen taucht ein Taucher alleine an der Leine. Ein voll ausgerüsteter Sicherungstaucher muss aber neben dem Leinenführer bereitstehen, um bei Bedarf sofort einsatzfähig zu sein. Bei guter Sicht können natürlich auch zwei miteinander verbundene Taucher von einem Leinenführer geführt werden.
Die Führung des Tauchers erfolgt mit Leinensignalen, die auch bei den Rettungsorganisationen die gleiche Bedeutung haben. Wichtig ist, dass das kürzeste Zeichen, „ein Ruck“, dem Notsignal vorbehalten ist. Leinensignale müssen sofort erwidert werden, sonst wiederholen!

Der Leinenführer ist eine wichtige Person und sollte selbst Taucher sein. Er überprüft die Ausrüstung, bespricht die Leinensignale und das Verhalten in Notfällen und überwacht auch die Tauchzeit. Er muss dauernd die Leinenrichtung und die Luftblasen beobachten um zu erkennen, ob sich die Leine verhakt hat oder umgelenkt wird. Anhand der Luftblasen steuert er den Taucher bei den Übungen zum Ziel.

## Leinensignale

Sie können nur ausgetauscht werden, wenn die Leine immer unter leichtem Zug steht, nur dadurch hat der Taucher auch eine Richtungsinformation. Das blinde Vertrauen in die Leinenführung ist bei den ersten Versuchen das Hauptproblem. Der Taucher hat Schwierigkeiten, sein eigenes Richtungsgefühl, das durch schlechte Sicht und fehlende Orientierung meist falsch ist, abzuschalten.
Zusätzliche Probleme können entstehen, wenn die Leine an einem Hindernis unter Wasser streift oder sich verhakt, oder wenn sich die Leine unbe-

**Leinensignale vom Taucher aus:**

| | |
|---|---|
| —X— | Gefahr, hole uns zurück! |
| —XXXX— | Wir kommen zurück! |
| —XXXXX— | Alles o.k!. |
| —XXX—XXX—XXX | Wir benötigen Hilfe! |

**Leinensignal vom Signalmann aus:**

| | |
|---|---|
| —X— | Kommt sofort zurück! |
| —XX— | Richtung nach links! |
| —XXX— | Richtung nach rechts! |
| —XXXX— | Zurück kommen! |
| —XXXXX- | Alles o.K.!? |
| —XX-X— | Richtung vorwärts! |
| —XX-XX- | Richtung rückwärts! |

—X bedeutet jeweils einen kurzen Ruck an der Leine.
Signal sofort erwidern, sonst wiederholen.

merkt in den Flossenbändern des Tauchers verhängt und Signale durch die Flossenbewegung vorgetäuscht werden. So kann es vorkommen, dass sich der Taucher mit seinen eigenen Flossen „unterhält" und schnell jedes Richtungsgefühl verliert.
Die Gefahr des Verhakens vergrößert sich bei zu langer Leine, länger als 50 Meter sollte sie daher nicht sein.
Weitere Forderungen: geflochten, um den Drall zu vermeiden; schwimmfähig, um nicht am Boden zu schleifen; signalfarbig zum besseren Erkennen und etwa 8 Millimeter stark, um auch mit Neoprenhandschuhen gut greifbar zu sein.
Die Leine wird mittels Palstek oder Karabinerhaken am Taucher befestigt und mit einer Hand geführt, die zweite Hand dient der Unterwassersuche bei schlechter Sicht. Je nach den örtlichen Gegebenheiten werden zum Suchen mit der Leine verschiedene Suchtechniken angewandt.

## Scheibenwischermethode

Der Suchbereich wird durch Bojen eingegrenzt. Der Taucher wird vom Leinenführer von der äußeren Grenze des Suchbereiches in Kreisabschnitten mit immer kleinerem Radius geführt. Kommt er an die linke oder rechte Grenze des Suchbereiches (erkennbar an den Luftblasen), gibt der Leinenführer das entsprechende Signal und zieht die Leine entsprechend der Unterwassersicht und der Größe des gesuchten Gegenstandes etwas ein. Der Taucher dreht sich um, nimmt die Leine in die andere Hand und taucht bis zur anderen Begrenzung des Suchbereiches.

## Uferparalleles Suchen

Hier hat der Leinenführer die Möglichkeit, den Taucher parallel am Ufer zu begleiten. Vorteil ist die größere Schlaglänge und die pro Schlag meist gleich bleibende Tiefe, sodass zusätzlich eine Orientierung durch den Tiefenmesser gegeben ist.

## Suchen mit Suchstange

Sind mehrere Taucher und entsprechendes Material verfügbar, kann der Suchbereich auch kammförmig abgesucht werden.
Der Führungsmann am Ufer zieht die Stange, an der sich mehrere Taucher jeweils mit seitlicher „Tuchfühlung" festhalten, langsam durch den Suchbereich. Mit der freien Hand tasten die Taucher den Grund vor sich ab.

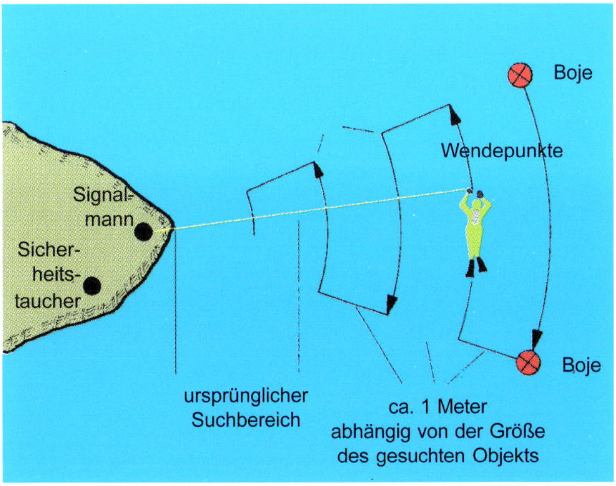


*Im ungünstigen Suchbereich ist der Leinenzug zu schräg nach oben – Auftrieb und ungenaue Richtung!*
- *1 Taucher an Signalleine (farbige Schwimmleine, ca. 50 m lang, Zugfestigkeit mindestens 2000 N, 2 Bojen*
- *1 Signalmann ( Leinenführer)*
- *1 Sicherungstaucher, voll ausgerüstet!*

## Suchhilfen

Bei größeren Suchstrecken können Suchhilfen eingesetzt werden.
Eine effektive, einfache Hilfe ist das Schleppbrett, ein rechteckiges Brett mit seitlichen Griffen, das über ein Trapez mit einem Boot verbunden und langsam über den Grund gezogen wird. Der Taucher kann durch Schrägstellen des Brettes die Tiefe steuern.
Ein beliebtes Hilfsmittel ist auch der Unterwasserscooter, ein batteriebetriebenes Unterwasserzuggerät.
Aber Vorsicht, dass die Batteriekapazität nicht gerade dann erschöpft ist, wenn man am uferfernsten Punkt angelangt ist.

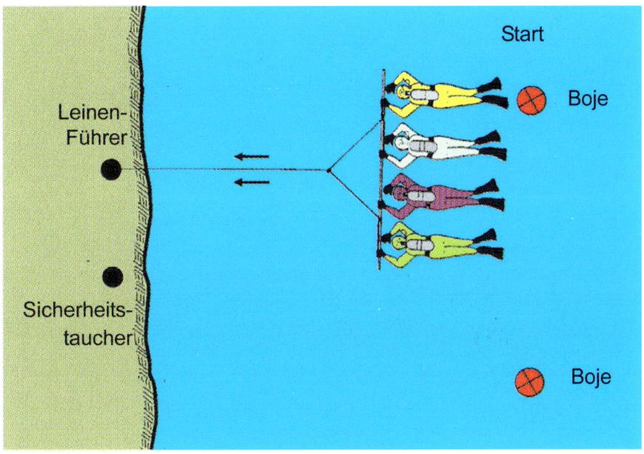


*Einzelner Taucher nicht gesichert!*
*Mehrere Taucher gleichzeitig,*
*Suchstange (ca. 1 m pro Taucher),*
*Schwimmleine ca.50m lang,*
*1 Signalmann ( Leinenführer,)*
*1 Sicherungstaucher, voll ausgerüstet!*

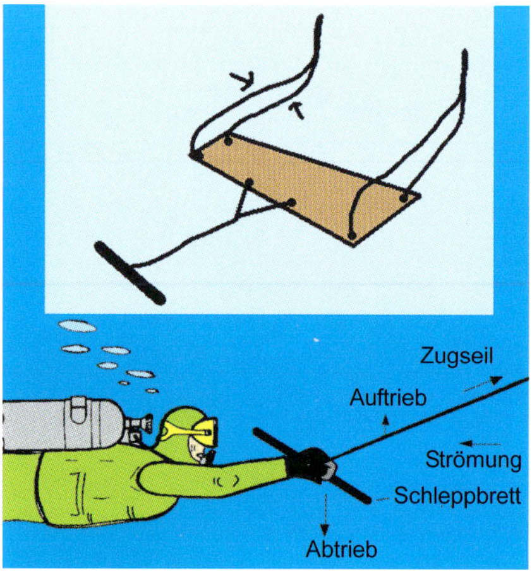


Mehr für den kommerziellen Suchbetrieb sind Hilfsmittel wie Leinen, Ketten, Anker oder auch Magnete gedacht, die über den Grund gezogen sich an dem gesuchten Objekt verhängen oder haften sollen.
Dazu gehören auch Echolot, Sonar, Metallsuchgeräte und ferngesteuerte Videokameras.

*Abb. links: Abmessungen des Schleppbrettes ca. 60 x 45 cm. Unterschiedlich lange Leinen (s. Pfeile) stabilisieren die Brettlage.*

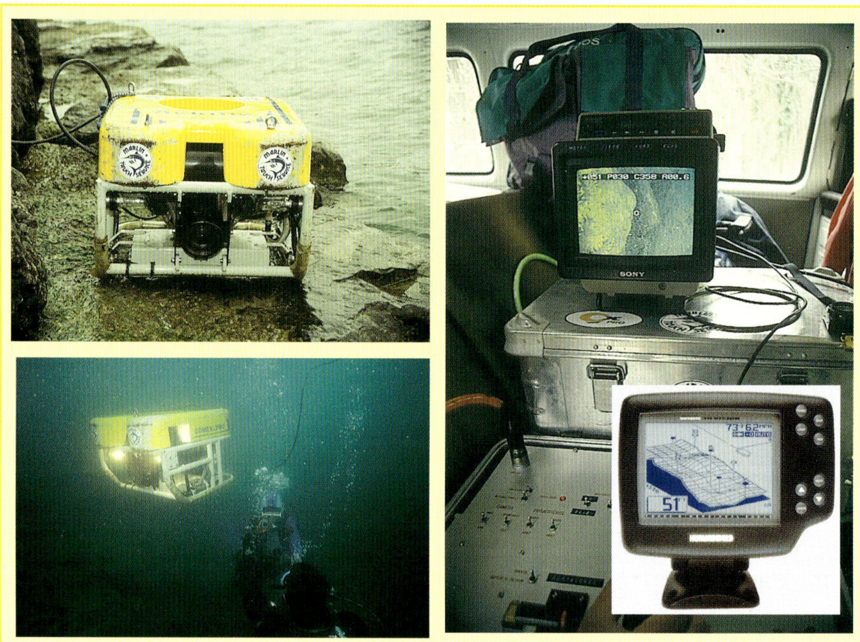

*Moderne Suchmöglichkeiten führen mit großem Geräteeinsatz zu vielen neuen Erkenntnissen über die Unterwasserwelt. Der Trend heißt Hightech statt Mensch. Ob Videokamera, Sonar oder Echolot, sie alle sind unabhängig über Kabel oder ferngesteuert einsetzbar und benötigen keine Dekozeiten. Außerdem können sie von den Spezialisten von Bord oder gar über Satellit gesteuert werden. Die Abbildungen zeigen einen über Kabel gesteuerten UW-Videoschlitten, wie er bei vielen Gelegenheiten eingesetzt wurde. Wie weit die Möglichkeiten heute reichen, lässt der Humminbird von Ferropilot in der Wide 3D Vision erkennen. Ökologische und biologische Daten bis hin zum Bodenprofil werden gleichzeitig erfasst.*

*Bergungsarbeiten mit einfacher Hebesackvorrichtung. Die Fundstücke wurden mit einem Waschkorb nach oben geschaffen.*

## Bergen

Beim Bergen gelten die eingangs erwähnten Einschränkungen. Archäologische Fundgegenstände und Munition sind tabu und müssen den Behörden gemeldet werden.

Kleine Gegenstände können direkt geborgen werden, wobei das Jacket gegebenenfalls als Auftriebshilfe eingesetzt werden kann, wenn es genügend Restauftrieb hat. Bei einigen modernen Jackets ist das aber nicht immer gegeben. Daher niemals den zu bergenden Gegenstand an der Hand oder dem Jacket festbinden, sondern so in der Hand halten, dass er bei Gefahr sofort losgelassen werden kann.

Zu berücksichtigen ist gegebenenfalls auch der erhöhte Luftverbrauch, die Anstrengung und die damit verbundene kürzere Nullzeit und eine mögliche Vereisung des Atemreglers bei tiefen Temperaturen, wenn gleichzeitig geatmet und das Jacket aufgeblasen wird.

Bei größeren und schwereren Gegenständen, die nicht direkt vom Boot aus geborgen werden können, müssen andere Auftriebshilfen eingesetzt werden.

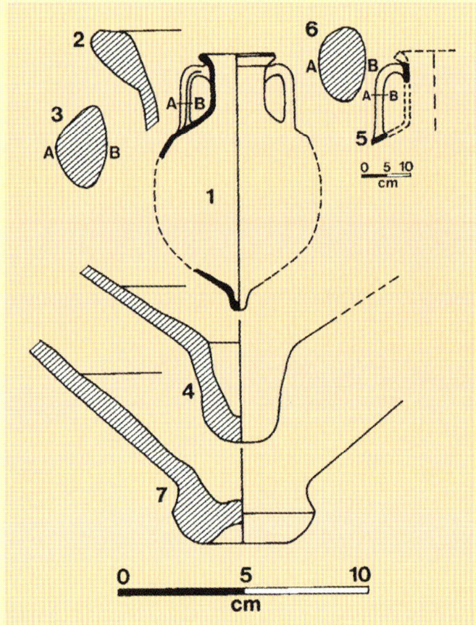


Griechisches Wrack, 2. Jh. v. Chr., Cap Ognina, Sizilien.

*Erst wenn man bei einer UW-archäologischen Arbeit erkennt, wie nach und nach die kleinsten Fundstücke, wie ein Puzzle zusammengefügt, ein Gesamtbild ergeben, wird verständlich, warum archäologische Fundstücke gemeldet werden müssen und nicht unbefugt geborgen werden dürfen.*

Diese Auftriebshilfen müssen ausreichend stabil sein.

Regel: Der Auftriebskörper muss so stabil sein, dass er über Wasser das maximal von ihm verdrängte Wasser tragen kann.

Hierzu ein Beispiel: Ein Luftballon hat einen Inhalt von 10 Litern. Man könnte auf die Idee kommen, ihn als Auftriebshilfe für 10 kg einzusetzen. Würde man ihn aber an Land mit 10 Liter Wasser füllen, würde er sofort zerreißen. Er ist also nicht geeignet.

Die gleichen Überlegungen gelten für die Festigkeit aller Hilfsmittel.

Für unsere Übungen kommen saubere, stabile Plastikkanister, Eimer, separate Jackets oder ein Hebeballon infrage, wobei der Auftrieb dem zu bergenden Gewicht angepasst sein muss.

Das aus dem Grundkurs bekannte Boyle-Mariott'sche Gesetz kommt hier voll zur Anwendung. Ein nur teilweise gefüllter Auftriebskörper, der in 30 Meter Tiefe das Objekt aufsteigen lässt, wird in geringeren Tiefen immer schneller, da sich die Luft ausdehnt. Ungebremst schießt er aus dem Wasser und kann sich überschlagen. Die Luft entweicht schlagartig und es geht

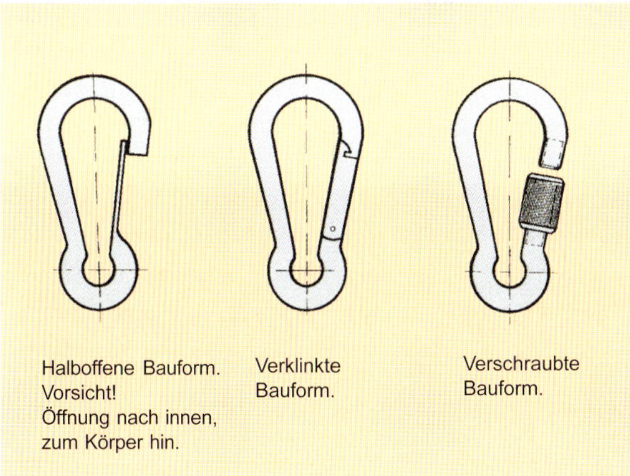

*Grafik links: Die richtigen Sicherungshaken sichern nicht nur das Bergungsgut bei der Hebung, sondern dienen auch der Sicherheit der BergungstaucherInnen.*
*Abb. rechts: Munition und Waffen dürfen nicht geborgen werden.*

wieder abwärts. Daher niemals unter den schwebenden Lasten tauchen!

Ein anderer Effekt vergrößert diese Gefahr noch: die Saugkräfte, mit denen ein Gegenstand am Boden gehalten wird.

Hierzu ein Beispiel :

Ein zu bergendes kleines Wrack hat über Wasser ein Gewicht von 1000 kg. Bei einer Eisendichte von 7,85kg/$dm^3$ hätte es ein Volumen von 127 Liter, das Gewicht unter Wasser würde sich um diesen Wert verringern. Der noch nötige Auftrieb betrüge dann 873 kg. Das gilt aber nur, wenn alle Druck- und Auftriebskräfte allseitig auf das Wrack wirken können. Liegt das Wrack aber etwas im Boden eingegraben, gilt das nicht mehr. Vergleichbar ist dieser Effekt mit zwei befeuchteten, aufeinander liegenden Glasscheiben.

Die Kraft zum Anheben der oberen Scheibe ist wesentlich größer als ihr Gewicht, da zusätzlich die Adhäsionskräfte und der Luftdruck überwunden werden müssen. Unter Wasser ist es nicht nur der Luftdruck, sondern auch noch die darüber stehende Wassersäule in 20 Meter Tiefe. Es entspräche einer gesamten Saugkraft von 3 kg/$cm^2$, die auf der Auflagefläche des Wracks am Boden wirkt. Dazu kommt natürlich noch das Gewicht des im Wrack lagernden Schlammes.

Das Problem entsteht, wenn sich das Wrack bei der Bergung aus seinem Schlammbett löst, schlagartig fallen die hohen Saugkräfte weg und das Wrack schießt an die Oberfläche.

Aus diesem Grund immer versuchen, den zu bergenden großen Gegenstand vorher freizulegen.

Hebesäcke sind unten offene Auftriebsmittel mit entsprechend ihrer Größe angepassten Befestigungselementen.

Sie haben zusätzlich an ihrer Oberseite ein manuell zu betätigendes Ablassventil, an dem die sich ausdehnende Luft beim Aufstieg dosiert abgelassen werden kann. Hier sind die Proble-

me die gleichen wie beim Tarieren mit dem Jacket: der kritischste Bereich sind die letzten 10 Meter.
Gefüllt werden die Hebesäcke aus einer Druckluftflasche mit montiertem Atemregler, um besser dosieren zu können. Auch hier ist eine mögliche Vereisungsgefahr zu berücksichtigen.
Zum Abschluss ein kleines Rechenbeispiel:
Versetzt werden soll ein in 10 Meter Tiefe liegender Ankerstein aus Beton mit den Abmessungen 50 x 50 x 50 cm, der teilweise eingesandet ist.
Gemäß Tabelle hat Beton eine Dichte von 2,3 kg/dm$^3$, das Überwassergewicht beträgt danach
Gewicht: Volumen x Dichte =
5 dm x 5 dm x 5 dm x 2,3 kg/dm$^3$ = 287,5 kg
Entsprechend seinem Volumen ermäßigt sich das Gewicht unter Wasser um den Auftrieb von 125 kg.
Gewicht unter Wasser: 287,5 - 125 kg = 162,5 kg
Erforderliche Auftriebsluft (ohne Saugkraft) in 10 Meter Tiefe (2 bar) = 325 Liter
Berücksichtigt man noch das Gewicht der Schäkel, des Hebesacks und der Luft, sollten 350 Liter zur Verfügung stehen.
Die theoretisch mögliche Saugkraft wäre:
Fläche x Druck =
50 cm x 50 cm x 2 kg/cm$^2$ = 5000 kg!!
Die Saugkraft beträgt danach ein Vielfaches des Gewichtes. Der Stein muss daher vorher ausgegraben werden!

# Fragen zu Suchen und Bergen

1. Was darf der Sporttaucher suchen und bergen, was auf keinen Fall?
2. Was ist bei der Leinenführung wichtig?
3. Welche Aufgabe hat der Signalmann?
4. Welche Leinensignale gelten für: Gefahr – links – rechts?
5. Welche Sonderausrüstung muss der Taucher bei Gefahr von Strömungen mit sich führen?
6. Welche Anforderungen sind an einen Kompass zu stellen?
7. Welches ist das wichtigste Ausrüstungsteil beim Arbeiten mit Seilen, und welche Anforderung ist daran zu stellen?
8. Warum dürfen keine Drähte oder Stahlseile verwendet werden?
9. Welche Gefahr besteht bei Arbeiten mit dem Hebesack?
10. Warum soll ein zu bergender Gegenstand in der Hand gehalten werden?

*Archäologische Fundstücke dürfen nicht geborgen oder in ihrer Lage verändert werden (zu Frage 1).*

## Übungsaufgaben

Bei einem Tauchgang wurde ein Wrack gefunden.
Nach dem Auftauchen wurde
Objekt A mit 0 Grad
Objekt B mit 90 Grad gepeilt.
Zeichne die Peilwinkel und den gesuchten Auftauchpunkt ein.

# Übungsaufgaben

Ein Wrack soll nach der Methode der größer werdenden Quadrate gesucht werden.
Erste Suchrichtung Norden.
Welche Strecke ist bei einer Sichtweite von 5 Meter zurückzulegen, wenn man

a) 20 Meter
b) 40 Meter südlich des gesuchten Wracks mit der Suche beginnt?

Hilfsraster

## Antworten zu Suchen und Bergen

1. Verlorene Ausrüstungsteile oder andere Kleinteile. Größere Gegenstände gehören zum Aufgabengebiet der Berufstaucherei. Archäologische Fundstücke, Waffen und Munition dürfen auf keinen Fall geborgen werden.

2. Die Leine muss immer unter leichter Spannung stehen, um Richtungsinformationen und Signale übertragen zu können.

3. Tauchgangsüberwachung, Angabe der Richtung im Suchgebiet und dessen einwandfreier Überdeckung, Einsatz des Sicherheitstauchers

4. Gefahr: ein kurzer Ruck (X), Richtung links: XX, rechts:XXX.

5. Die Sicherheitsausrüstung: Dekoboje, Signalblitz, Nikosignal.

6. Funktionsfähig auch bei leichter Schräglage, schnelle Einstellung, Peileinrichtung, nachleuchtende Skale, ausgeprägte Richtungsangaben.

7. Das Tauchermesser! Scharf, handlich, mit Sägeschneide, rostfrei.

8. Verheddert man sich, besteht keine Möglichkeit, sich freizuschneiden!

9. Die sich beim Aufstieg ausdehnende Luft beschleunigt den Aufstieg, an der Oberfläche schlägt der Hebesack um und sinkt mit der Last wieder ab.

10. Wird er am Jacket befestigt und reicht der Jacketauftrieb nicht aus, kann der Taucher nicht aufsteigen. Wie zahlreiche leidvolle Erfahrungen gezeigt haben, kann man sich bei beginnender Panik nicht mehr befreien.